I0765168

MACHISMO Y VINDICACIÓN
(LA MUJER EN EL PENSAMIENTO SOCIOFILOSÓFICO)

Esther Pineda G.

MACHISMO Y VINDICACIÓN
(LA MUJER EN EL PENSAMIENTO
SOCIOFILOSÓFICO)

Pineda G., Esther
    Machismo y vindicación: la mujer en el pensamiento so   -
ciofilosófico / Esther Pineda G. - 1a ed . - Ciudad Autónoma de
Buenos Aires : Prometeo Libros, 2017.
    150 p. ; 23 x 16 cm.

    1. Estudios de Género. I. Título.
CDD 305.42

Diagramación: Patricia Bulla
Corrección: Marina Rapetti

Índice

Hay tantas auroras,
Que aún no han resplandecido.

Rigveda

Introducción

Uno de los problemas de mayor envergadura al que nos enfrentamos en el proceso de aproximación a las ciencias sociales es la tan extendida tendencia a infravalorar e invisibilizar a la mujer dentro del pensamiento social, se ha desestimado su importancia y contribución al análisis y problematización de los fenómenos sociales, así como su aporte en el proceso de edificación de una ciencia de lo social.[1]

Este hecho puede explicarse como consecuencia de las dinámicas mediante las cuales han sido organizadas nuestras sociedades occidentales, pues para la preservación de un estado relacional disímil entre hombres y mujeres han sido operacionalizados una multiplicidad de dispositivos como el aparato religioso, el relato oral y el conocimiento científico; los cuales, al ser emanados de dios, la historia y la ciencia respectivamente, se harían incuestionables y en consecuencia inmodificables.

Exclusión de las mujeres de los espacios de producción de conocimiento que se institucionalizó mediante la edificación de un discurso[2]

---

[1] Esto es posible evidenciarlo en la conformación masculina del canon de las ciencias sociales, en el cual se descartó el punto de vista de las mujeres como es el caso de los aportes de: Harriet Martineau (1802-1876), Charlotte Perkins Gilman (1860-1935), Jane Addams (1860-1935), Las mujeres de Chicago, (Edith y Grace Abbott, Sophonisba Breckinridge, Florence Kelley, Frances Kellor, Julia Lathrop, Annie Marion MacLean, Virginia Robinson, Anna Garlin Spencer, Jessie Taft y Marion Talbot), Ana Julia Cooper (1859-1964), Ida Wells Barnett (1862-1931), Marianne Schnitger Weber (1870-1954), Beatrice Potter Webb (1858-1943) y más recientemente las teorías del género funcionalista de Miriam Johson así como, la teoría analítica del conflicto de Janet Chafetz.

[2] Discurso entendido como una práctica social asociada al uso lingüístico hablado o escrito, que de acuerdo a Fairclough & Wodak (1997) es socialmente constitutivo de: las identidades sociales, las relaciones sociales y los sistemas de conocimiento y creencias, pero que a su vez está socialmente constituido por situaciones, objetos de conocimiento, identidades y relaciones sociales, por lo cual ayuda a mantener y reproducir el *status quo* social, pero también contribuye a transformarlo.

religioso, filosófico y científico inteligible; cuya intención radicó en dificultar el acceso y comprensión de los motivos y criterios de su organización, y por tanto, imposibilitar cualquier acción emancipadora de dicho pensamiento, capaz de socavar y desarticular la dominación[3] ejercida —en este caso específico— a través del discurso sexista.[4]

De esta forma, el discurso sexista en el que las mujeres han sido concebidas como inferiores, incapaces e irracionales se instauró como discurso de validez. Discurso subjetivado, dimensional, contextual y compuesto de múltiples interpretaciones, consideraciones y postulados

---

[3] Dominación que si bien ha sido definida por Max Weber (1922) como la probabilidad de encontrar obediencia a un mandato de determinado contenido entre personas dadas, desde nuestra perspectiva consideramos que la posibilidad de encontrar obediencia va a estar vinculada a los mecanismos instrumentados para la puesta en práctica de dicha dominación a los cuales Weber no hace referencia, por lo cual hemos decidido trabajar con la concepción de dominación propuesta por Michel Foucault (1983) entendida como el control de los medios de sujeción, de la desigualdad y la acción de los hombres sobre otros hombres. Esta categoría estará estrechamente asociada a la concepción de poder, la cual ha sido definida por diversos autores entre ellos Max Weber (1922) para quien el poder supone la probabilidad de imponer la voluntad propia en una relación social frente a todo tipo de resistencia ejercida por un grupo sobre el cual se impone. El poder también será considerado según Judith Butler (1997) como algo que ejerce presión sobre el sujeto desde afuera, algo que subordina, coloca por debajo y relega a una condición inferior. Para otros como es el caso de Van Dijk (2004) será entendido en términos de control, es decir, el que un grupo o institución ejerce sobre otras personas. Sin embargo, partiendo del hecho de que para nosotros el ejercicio del poder no es una condición preestablecida e inamovible, suscribiremos la concepción foucaultiana del poder (1976) entendida como la multiplicidad de relaciones de fuerzas inminentes y propias del dominio que se ejercen a partir de innumerables puntos y en el juego de relaciones móviles no igualitarias.

[4] Se hace necesario destacar que sobre el sexismo como categoría conceptual se han hecho diversas consideraciones, como es el caso de Eva Figes (1970) quien lo asociaría al antisemitismo por la analogía manifiesta en lo que refiere a la hostilidad hacia la mujer y su énfasis en su "intrínseca" inferioridad. Kate Millet (1970) por su parte lo vincularía al racismo, por su carácter ideológico al erigirse sobre las nociones de superior e inferior. Shulamith Firestone (1976) lo definiría como el desequilibrio sexual del poder. Por su parte, Victoria Sau (2000) lo conceptualizaría como el conjunto de todos y cada uno de los métodos empleados en el seno del patriarcado para poder mantener en situación de inferioridad, subordinación y explotación al sexo dominado: el femenino. Sin embargo, estos conceptos hasta ahora mencionados, si bien rescatan aspectos fundamentales y constitutivos del sexismo, este no puede circunscribirse y reducirse a la dimensión del poder y la raza, así como, tampoco atribuirse como una situación experimentada exclusivamente por las mujeres. Por ello hemos decidido trabajar con el concepto de sexismo desarrollado por Esther Pineda (2011) en el cual consideramos se hace un abordaje integral de este fenómeno, y se define el sexismo como un hecho social, en el cual se genera una relación desigual entre los géneros, generalmente orientada a desfavorecer a las mujeres, en el ámbito político, económico, religioso, bélico, jurídico, ético, ideológico, educativo, familiar, entre otros; atribuyendo características subordinadas y peyorativas a la mujer, cuya situación social se ve condicionada por variables como: la clase social, raza, preferencia sexual-afectiva, edad, estado civil, religión, ubicación geográfica, entre otras.

de carácter anacrónico, sugerido por diversos pensadores y personajes específicos consagrados en nuestros tiempos.

Ahora bien, en el caso específico del pensamiento religioso[5] este se orientó a la inferiorización de la mujer, la promoción de una imprescindible tutela masculina, así como, la atribución de propiedades antiéticas, comprendiéndosele como ser inhóspito, arcaico, nocivo e improductivo. Concepciones formadas desde las nociones paganas de la mujer nacida del caos (Gea) e ilustradas con Pandora y Eris,[6] y que serían mantenidas en el monoteísmo cristiano con la figura de Eva, responsable y portadora del pecado original.[7]

No obstante, estas consideraciones serían legitimadas en los discursos del cristianismo, pudiendo hacer referencia a San Pedro (Siglo I a.e.c–67) quien expresase: "Vosotros, maridos, igualmente, vivid con ellas con comprensión, dando honor a la mujer como a vaso más frágil" (Santa Biblia, 2009, p. 1945). Pero también Tertuliano (155-245) quien afirmase: "El hombre debe ser su guía, pero también ha de guardarse de ella, pues como responsable y símbolo de la caída es un peligro mortal, es la puerta del infierno" (Tertuliano en Lacarra, 2003, p. 415).

A partir de ello es posible evidenciar que la concepción tradicional mantenida de la feminidad se caracterizó por una ambivalencia arquetípica de la moral y la naturaleza de la mujer, oscilante entre la feminidad sagrada/la diosa perdida, el pecado/la redención, la pe-

---

[5] Las consideraciones discursivas de carácter sexista manifiestas por los diferentes pensadores sobre la mujer, se presentarán en este trabajo en orden secuencial en referencia a los ámbitos de producción de conocimiento, es decir, religioso, filosófico y científico. Si bien pudiera cuestionarse esta distribución arbitraria y recomendarse su presentación en orden cronológico, hemos decidido presentarlo en función de las etapas por las cuales ha atravesado el conocimiento, el cual se origina en consideraciones de orden religioso, filosóficas y posteriormente científicas. Así mismo, solo se presentarán algunos de estos discursos a modo ilustrativo excluyendo muchos otros, en cuya selección no está presente un criterio valorativo, por el contrario, se fundamenta en: *Criterios de afinidad*, es decir aquellos que han tenido una mayor relación e influencia con respecto a las ciencias sociales. *Criterios de vigencia y alcance*, aquellas consideraciones realizadas por pensadores que han mantenido una mayor presencia en estos ámbitos de conocimiento y cuya obra ha sido más extendida y difundida. *Criterios de acceso*, aquellas consideraciones de las cuales se tiene mayor posibilidad de referenciar su fuente y/o constitutivos del *background* de la autora.

[6] "La maldita Eris parió a la dolorosa Fatiga, al Olvido, al Hambre y los Dolores que causan llanto, a los Combates, Guerras, Matanzas, Masacres, Odios, Mentiras, Discursos, Ambigüedades, al Desorden y la Destrucción, compañeros inseparables, y al Juramento, el que más dolores proporciona a los hombres de la tierra siempre que alguno perjura voluntariamente" (Hesiodo, 1990, p.80).

[7] "Y vio la mujer que el árbol era bueno para comer, y que era agradable a los ojos y deseable para alcanzar la sabiduría; y tomó de su fruto y comió; y dio también a su marido, el cual comió así como ella" (Santa Biblia, 2009, p.5).

nitencia/la virtud, la santa/la pecadora, la pudorosa/la libertina, la madre/la prostituta.

Por su parte, San Agustín de Hipona (354-430) también haría eco de dichas concepciones sobre la mujer: "Es Eva, la tentadora, de quien debemos cuidarnos en toda mujer... No alcanzo a ver qué utilidad puede servir la mujer para el hombre, si se excluye la función de concebir niños" (De Hipona en Cifre & González, 2014, p. 221).[8]

Santo Tomas de Aquino (1225-1274) haría énfasis en el carácter intrínseco de la inferioridad femenina al introducir la idea de que la mujer: "Debe estar sometida al marido como su amo y señor, pues el varón tiene una inteligencia más perfecta y una virtud más robusta" (Aquino en Solares, 2015, p. 92).

Finalmente, Erasmo de Rotterdam (1466-1536) también desestimaría la condición de ser mujer y su participación en la producción de conocimiento afirmando que:

> Si, por ventura, alguna mujer quisiera sentar plaza de sabia, no conseguiría sino ser dos veces necia; es como si, a despecho de Minerva, se enviara un buey al gimnasio; porque todo aquel que contra su naturaleza toma las apariencias de la virtud, torciendo su innata inclinación, no logra sino que el vicio aparezca más de bulto. Del mismo modo que, como dice un proverbio griego, "aunque la mona se vista de seda, mona se queda", así la mujer será siempre mujer; es decir, necia, disfrácese como se disfrace (De Rotterdam, 2005, p. 85-86).

Ahora bien, el pensamiento filosófico también conspiraría en la categorización e infravaloración de la mujer, así como a la prolongación del estigma y desigualdades existentes a través de un conglomerado de reflexiones y postulados discriminatorios; legitimadores del orden social impuesto sobre la base de arbitrarios criterios de inferioridad-superioridad otorgados por la naturaleza. Entre ellas, concepciones provenientes de la filosofía clásica como las emitidas por Aristóteles (384-322):

> La naturaleza ha fijado, por consiguiente, la condición especial de la mujer y la del esclavo. La naturaleza no es mezquina como nuestros artistas, y nada de lo que hace se parece a los cuchillos de Delfos fabricados por aquéllos. En la naturaleza un ser no tiene más que un solo destino, porque los instrumentos son más perfectos cuando sirven, no para muchos usos, sino para uno solo. Entre los bárbaros, la mujer y el esclavo están en una misma línea, y la razón es muy clara; la naturaleza no ha creado entre ellos un ser destinado a mandar (Aristóteles, 2004, p. 24).

---

[8] *La Ciudad de Dios*, Libro XIV, Capítulo XI.

Esta noción subordinada y dependiente de la mujer a la voluntad masculina sería heredada de la filosofía clásica y reproducida durante la Ilustración europea; en donde si bien se exacerbó la importancia del contrato social como el mecanismo de establecimiento de la igualdad de condiciones y derechos entre los ciudadanos, esta estaría solo circunscrita a los hombres, poniendo de manifiesto la cara oscura del siglo de las luces con respecto a la situación social de la mujer.

En este contexto, los derechos son considerados por los iluministas como condición intrínseca de la masculinidad, como es el caso de Montesquieu (1689-1755) quien expresase: "El marido es el jefe, el amo de su casa, tiene mil medios de mantener a sus mujeres en el cumplimiento del deber, o de enderezarlas si se tuercen" (Montesquieu, 1978, p. 245).

Al mismo tiempo, desde la filosofía se exacerbarían las diferencias biológicas entre hombres y mujeres como mecanismo de justificación de las disparidades sociales y una distribución inequitativa de roles y espacios de realización social. Así lo pone en evidencia las consideraciones de Jean Jacques Rousseau (1712-1778) al afirmar:

> En todo lo que no atañe al sexo, la mujer es hombre: tiene los mismos órganos, las mismas necesidades, las mismas facultades; la máquina está construida de la misma manera, sus piezas son las mismas, el juego de la una es el del otro, la figura es semejante, y bajo cualquier enfoque que los consideremos no difieren entre sí prácticamente en nada. En todo lo que atañe al sexo, la mujer y el hombre tienen en todo relaciones y diferencias; la dificultad de compararlos procede de la dificultad de determinar en la constitución de uno y otra lo que atañe al sexo y lo que no le atañe. Por la anatomía comparada, e incluso por la sola inspección, encontramos entre ellos diferencias generales que no parecen depender del sexo; sin embargo, dependen, pero por lazos que no estamos en condiciones de percibir; no sabemos hasta dónde pueden extenderse esos lazos; lo único que sabemos con certeza es que cuanto tienen en común pertenece a la especie, y que cuanto tienen de diferente pertenece al sexo; desde este doble punto de vista encontramos entre ellos tantas relaciones y tantas oposiciones que quizá sea una de las maravillas de la naturaleza haber logrado hacer dos seres tan semejantes constituyéndolos de forma tan diferente. Estas relaciones y estas diferencias deben influir sobre lo moral; tal consecuencia es sensible y conforme con la experiencia, y muestra la vanidad de las disputas sobre la preferencia o la igualdad de los sexos; ¡como si cada uno de ellos, contribuyendo a los fines de la naturaleza según su destino particular no fuera más perfecto en esto que si se pareciera más al otro! En lo que tienen de común son iguales; en lo que tienen de diferente no son comparables: una mujer perfecta y un hombre perfecto no deben parecerse más de espíritu que de rostro, y la perfección no es susceptible de más y de menos. En la unión de los sexos, cada uno concurre de igual

> forma al objetivo común, pero no de igual manera. De esa diversidad nace la primera diferencia asignable entre las relaciones morales de uno y otro. Uno debe ser activo y fuerte, el otro pasivo y débil: es totalmente necesario que uno quiera y pueda; basta que el otro resista poco (Rousseau, 1990, p. 484).

Así mismo, desde sus postulados también fomentaría una educación para la ignorancia y la negación de los espacios de producción de conocimiento a las mujeres:

> ¿Se sigue de esto que deba ser educada en la ignorancia de todo y limitada únicamente a las funciones del hogar? ¿Hará el hombre una sirvienta de su compañera? ¿Se privará junto a ella del mayor encanto de la sociedad? Para esclavizarla mejor, ¿la impedirá sentir algo, conocer algo? ¿Hará de ella un verdadero autómata? No, desde luego: no ha dicho eso la naturaleza que da a las mujeres un espíritu tan agradable y tan sutil; al contrario, quiere que piensen, que juzguen, que amen, que conozcan, que cultiven su mente tanto como su figura; he ahí las armas que les da para suplir la fuerza que les falta y para dirigir la nuestra. Deben aprender muchas cosas, pero sólo las que les conviene saber (Rousseau, 1990, p. 493).

Estas concepciones deterministas sobre la diferencia sexual serían mantenidas en las diferentes etapas del pensamiento filosófico como es posible evidenciarlo en la obra de Arthur Schopenhauer (1788-1860), quien también abordaría sus reflexiones sobre la mujer desde una perspectiva en la cual se asume la inferioridad de esta respecto al hombre como condición innata, natural, y por tanto inalterable, al haber sido una condición otorgada por la biología a los individuos de acuerdo a su sexo: "Las mujeres son el *sexus sequior* [el segundo sexo], inferior al masculino en todo respecto; uno debe perdonar sus defectos, pero rendirles veneraciones es sumamente ridículo y nos degrada ante sus ojos" (Schopenhauer, 2011, p. 36).

Es así como a las mujeres desde el pensamiento filosófico y humanístico les estuvo sistemática y repetidamente negada su existencia, su esencia y su significado. Nociones a partir de las cuales serían comprendidas como objetos funcionales a los propósitos y necesidades del hombre, siempre dominante y hacedor de cultura en una sociedad patriarcal.[9]

---

[9] El patriarcado de acuerdo a Victoria Sau (2000) ha consistido a lo largo de la historia en el poder ejercido de los padres, es decir, consiste en un sistema familiar y social, ideológico y político en el cual los hombres, a través de la fuerza, la presión directa, los rituales, la tradición, la ley o el lenguaje, las costumbres, la etiqueta, la educación, y la división del trabajo, determinan cual es o no el papel que las mujeres deben interpretar con el fin de estar en toda circunstancias sometidas al varón.

Así lo ilustran las reflexiones sobre la mujer de José Ortega y Gasset (1883-1955) –las cuales si bien intentan exaltar las virtudes tradicionalmente atribuidas a la feminidad– contrario a su propósito cooperan a la naturalización de la pasividad y la inacción:

> La profunda intervención femenina en la historia no necesite consistir en actuaciones, en faenas, sino en la inmóvil, serena presencia de su personalidad. (...) A mi juicio, es esta la suprema misión de la mujer sobre la tierra: exigir, exigir la perfección al hombre (Ortega y Gasset, 1966, p. 329,330)

Por su parte el pensamiento científico también habría de organizarse en pro del mantenimiento de relaciones de dominación, en donde quienes producen el discurso dentro de la lógica androcéntrica[10] se erigen como poseedores del conocimiento; haciendo del lego un receptor pasivo de una interpretación sobre la feminidad y la masculinidad dirigida, como normativa, la cual invita a la obediencia.

Este es el caso de René Descartes (1596-1650) quien al referirse a sus demostraciones sobre la existencia de dios en su obra *El Discurso del Método*, expresaría: "Estos pensamientos no me han parecido apropiados para incluirlos en un libro, en el que he querido que incluso las mujeres pudieran entender alguna cosa" (Descartes, 1953, p. 991).

Auguste Comte (1798-1857) –quien desde el positivismo intentase dotar de cientificismo a la sociología, mediante la incorporación de leyes sociales capaces de emular los postulados invariantes que explican las ciencias naturales– también reproduciría en su propuesta científica, consideraciones de orden sexista, desestimadoras de las capacidades cognitivas de las mujeres, al afirmar que:

> Las mentes de las mujeres son indudablemente menos capaces que las nuestras para realizar generalizaciones de amplio alcance, o para llevar a cabo largos procesos de deducción..., menos capaces que nosotros para realizar un esfuerzo intelectual abstracto. (Comte en Ritzer, 2001, p. 129).

Afirmaciones que legitimaría sobre la creencia de que: "La igualdad de los sexos es contraria a la naturaleza" (Ibídem).

Charles Darwin (1809-1882) desde el biologicismo evolucionista también justificaría las desigualdades sociales existentes entre hombres y mujeres como producto de una condición de inferioridad-superioridad respectivamente atribuida por la naturaleza: "El hombre

---

[10] Androcentrismo según Victoria Sau (2000) entendido desde la corriente protagórica en la cual el hombre se presenta como la medida de todas las cosas.

es más valiente, combativo y enérgico que las mujeres, y tiene una genialidad más inventiva. Su cerebro es absolutamente más grande" (Darwin, 1981, p. 557).

Además de ello afirmaría que:

> La distinción principal entre las facultades intelectuales de los dos sexos es mostrada por el logro del hombre en una eminencia superior, en todo lo que toma, de lo que la mujer puede —ya sea la exigencia de una profunda reflexión, razón o imaginación, o simplemente el uso de los sentidos y manos. Si se hicieran dos listas sobre los hombres y mujeres más eminentes en la poesía, la pintura, la escultura, la música (inclusive tanto en composición como en interpretación), la historia, la ciencia y la filosofía, con media docena de nombres en cada materia, las dos listas no podrían ser comparadas. También podemos inferir, a partir de la ley de la desviación de los promedios, tan bien ilustrada por el Sr. Galton, en su obra sobre "Genio hereditario", que si los hombres son capaces de una determinante preeminencia sobre las mujeres en muchos temas, el promedio de la facultad mental en el hombre debe estar por encima de la de la mujer. Así, el hombre ha llegado a ser finalmente superior a la mujer (Darwin, 1981, p. 564-565).

Esta concepción darwinista de la mujer sería retomada en la propuesta teórico social de Emile Durkheim (1858-1917), fundamentado en las consideraciones del Dr Lebon quien afirmase:

> El volumen del cráneo del hombre y de la mujer, incluso cuando se comparan sujetos de la misma edad, de igual talla e igual peso, presenta considerables diferencias en favor del hombre, y esta desigualdad va igualmente en aumento con la civilización, en forma que, desde el punto de vista de la masa cerebral y, por consiguiente, de la inteligencia, la mujer tiende a diferenciarse cada vez más del hombre (Durkheim, 1982, p. 67).

Lo que según desde la biología y validado por la teoría social durkheimiana sería una consecuencia del: "Desarrollo considerable de los cráneos masculinos y a un estacionamiento o incluso una regresión de los cráneos femeninos" (Durkheim, 1982, p. 70).

No obstante, pese a que las consideraciones de estos pensadores se realizan en el contexto de las ciencias naturales y sociales, obviarían el hecho de que la ausencia o escasa participación de las mujeres en los diferentes ámbitos de conocimiento no es consecuencia de una capacidad intelectual inferior asociada a la diferencia sexual. La participación y producción intelectual de las mujeres ha estado históricamente condicionada por diversos procesos socio-culturales, entre los que destaca una educación diferenciada, la exclusión de los medios productivos y la apropiación masculina de la acción económica (Perkins, 1898).

Pero el pensamiento androcéntrico manifiesto por estos autores –entre múltiples líderes del pensamiento occidental– no es un producto aislado, por el contrario, todo discurso está estrechamente vinculado a un compendio de ideologías,[11] a partir de las cuales los distintos grupos en pugna adscritos a esta, intentan acceder o mantener el poder; en este caso, el poder patriarcal materializado en el pensamiento religioso, filosófico y científico.

De esta manera, el discurso filosófico y científico en oportunidades se ha estatuido como un discurso normativista, imperativo, el cual, al adquirir el carácter de tal, se convierte en ideología. Esto quiere decir, al servicio de algo, deja de ser crítica, orientada como dijese Garrieguet (1924) al estudio de las relaciones que normalmente deben existir entre los miembros del cuerpo social –desde el pensamiento dominante– más que hacia el estudio de las relaciones que existen o tienden a existir, cuyos postulados pretendieron crear las bases de un deber ser social.[12]

Pese a ello, es posible afirmar que no todas las consideraciones sobre la mujer desarrolladas en el seno del pensamiento religioso, filosófico y científico han sido de carácter sexista; es necesario reconocer

---

[11] Ideología que según Edward Shils (1968) puede definirse como ideas cerradas, resistentes al cambio y cuya factibilidad y permanencia dependerá de la adhesión de sus seguidores. Para Alvin Gouldner (1976) se entiende como conciencia doctrinaria, dogmática, falsa, irracional. De acuerdo a Martin Seliger (1976) se comprenderá como un conglomerado de ideas propositivas explicativas y justificativas de acciones, hechos y situaciones con independencia de sus consecuencias concretas en el orden social, ya sea su preservación, destrucción, construcción o desplazamiento. Para Terry Eagleton (1997) la ideología deberá ser comprendida como la legitimación del poder de un grupo o clase social dominante. Ahora, si bien es cierto la existencia de pluralidad y diversidad de concepciones sobre la ideología, para los fines de la investigación y el tratamiento del tema que nos ocupa, entenderemos la ideología desde la perspectiva de John Thompson (1984) quien la define como los significados que sustentan las relaciones de dominio. De acuerdo a ello, la ideología no es en sí misma creadora de desigualdad y relaciones de dominación, por el contrario, la ideología emerge como producto de estas relaciones ya establecidas con anterioridad y en las cuales operará para su reforzamiento y legitimación, como es el caso de los discursos religiosos, filosóficos y científicos presentados, con respecto a una condición de desigualdad entre los géneros previamente existente.

[12] Este hecho puede explicarse como consecuencia de que la ciencia en su génesis es un producto de clase, surge en un periodo histórico específico (Renacimiento), en el contexto de emergencia de una clase social particular (burguesía), promovida y financiada por mecenas, cuyo interés en la ciencia sería su uso como instrumento de deslegitimación del orden social existente y el cual se encontraba en decadencia. Este hecho necesariamente habría de configurar a la ciencia como un producto burgués, vinculada a una configuración de relaciones de poder y como productora y reproductora de una ideología e intereses de clase en el contexto de una sociedad orientada a mantener el *status quo* y por lo cual van a responder a consideraciones y compromisos con la ideología dominante.

la existencia –si bien exigua– de concepciones de carácter vindicativo de la situación social de la mujer.

En el ámbito teológico destacan las reflexiones de François Poulain de la Barre (1647-1723) quien cuestionaría fuertemente el pensamiento dominante sobre la mujer, al afirmar: "Debe sospecharse de todo lo escrito por los hombres acerca de las mujeres, pues ellos son juez y parte a la vez" (Poulain de la Barre en Cazés, 2007, p. 27).

Además, contrario a la concepción sobre la mujer mantenida en la tradición escolástica, desestimaría las consideraciones que atribuyeron una mayor capacidad de entendimiento al hombre, sosteniendo que:

> Es Dios quien une el espíritu y el entendimiento en el cuerpo de la mujer igual que en el del hombre, y los une por las mismas leyes. Son los sentimientos, las pasiones y las voluntades los que hacen y mantienen tal unión. Dado que el entendimiento no actúa de modo distinto en uno u otro sexo, en ambos es capaz de las mismas cosas (Poulain de la Barre en Cazés, 2007, p. 34).

Así mismo, en el pensamiento filosófico es posible hallar consideraciones de carácter vindicativo en lo que refiere a los derechos de la mujer, entre ellos las disertaciones de Jean Antoine Condorcet (1743-1794) en las cuales cuestionaría el inequitativo otorgamiento de derechos en detrimento de las mujeres en una revolución que proclamase "Liberté, Egalité, Fraternité":

> El hábito puede familiarizar a los hombres con la violación de sus derechos naturales hasta el punto de que, entre los que los han perdido, nadie piense en reclamarlos ni crea haber sufrido una injusticia. Algunas de estas violaciones han pasado inadvertidas incluso a filósofos y legisladores cuando se ocupaban con el mayor celo de establecer los derechos comunes de los individuos de la especie humana para hacer de ellos el fundamento único de las instituciones políticas. Por ejemplo, ¿no han violado todos el principio de igualdad de los derechos al privar tranquilamente a la mitad del género humano del derecho de concurrir a la formación de las leyes, al excluir a las mujeres del derecho de ciudadanía? ¿Hay acaso prueba más contundente del poder del hábito, incluso en los hombres ilustrados, que la de ver cómo se invoca el principio de la igualdad de derechos en favor de trescientos o cuatrocientos hombres a los que un prejuicio absurdo había discriminado y olvidar ese mismo principio con respecto a doce millones de mujeres? (Condorcet 1993, p. 100-101).

Más tarde, John Stuart Mill (1806-1873) también abordaría desde una perspectiva crítica el estado relacional estatuido entre hombres y mujeres:

> Creo que las relaciones sociales entre ambos sexos –aquellas que
> hacen depender a un sexo del otro, en nombre de la ley– son malas
> en sí mismas, y forman hoy uno de los principales obstáculos para
> el progreso de la humanidad; entiendo que deben sustituirse por
> una igualdad perfecta, sin privilegio ni poder para un sexo ni in-
> capacidad alguna para el otro (Mill, 2010, p. 26).

Al mismo tiempo cuestionaría las desigualdades en el ejercicio de la
ciudadanía y las limitaciones impuestas a la mujer para su participación
en lo político; a las cuales atribuiría un carácter de construcción social
y no un hecho biológico como hasta entonces fue concebido:

> Este régimen proviene de que, desde los primeros días de la socie-
> dad humana, la mujer fue entregada como esclava al hombre que
> tenía interés o capricho en poseerla, y a quien no podía resistir ni
> oponerse, dada la inferioridad de su fuerza muscular. Las leyes y
> los sistemas sociales empiezan siempre por reconocer el estado ma-
> terial de relaciones existente ya entre los individuos. Lo que en los
> comienzos no era más que un hecho brutal, un acto de violencia, un
> abuso inicuo, llega a ser derecho legal, garantizado por la sociedad,
> apoyado y protegido por las fuerzas sociales, que sustituyeron a
> las luchas sin orden ni freno de la fuerza física. Los individuos que
> en un principio se vieron sometidos a la obediencia forzosa, a ella
> quedaron sujetos más tarde en nombre de la ley (Mill, 2010, p. 31).

Por su parte, desde, el pensamiento científico específicamente la
teoría sociológica de George Simmel (1858-1918) sería propuesta la
discusión respecto a la posición de dominio detentada por los hombres
y la condición social experimentada por la mujer, sosteniendo que:

> La tragedia típica del sexo femenino nace de su situación histórica
> o, al menos de las capas más externas de su vida, (...) son tratadas
> y valoradas (y ellas mismas también se ven así) según sus destinos
> temporales, sociales y fisiológicos, como simples medios: medios
> para el hombre, para el hogar, para el hijo (Simmel, 1999, p. 89).

Hecho que para el autor es posible considerar como una consecuencia entre múltiples factores del establecimiento de una normativa
social masculina: "Lo que en su manifestación, a menudo, no es más
que una violentación histórica" (Simmel, 1999, p. 109).

No obstante, quien recibe estas reflexiones y consideraciones discri-
minadoras o vindicativas sobre la feminidad y la masculinidad estará en
posibilidad de reproducir la perspectiva del autor; en donde habrán de
filtrarse elementos de la experiencia propia, constructos socio-culturales
y cargas valorativas de quien la interpreta. Es decir, podrá identificar-

se, adhiriéndose sin restricciones al discurso que se le presenta, como también rechazando, tergiversando, modificando o ampliando el mismo. Consolidándose como ejecutores y promotores del sexismo pero también como agentes de emancipación.

Además, la introducción de estos discursos ideológicos habrá de influir significativamente en los criterios valorativos, selección de objetos de estudios y formulaciones de tipo filosófico o científico; pero también en la definición de los criterios de validez de dichas teorías, pues según Alvin Gouldner (1970) esta dependerá del hecho de que la experiencia y los sentimientos que ella origina sean compartidos por quienes la ofrecen y quienes la escuchan.

Ahora bien, como ya hemos mencionado anteriormente la mujer ha de jugar un papel fundamental –ya sea desde la emisión o la omisión, la discriminación o la vindicación– en las teorías desarrolladas en el seno de las ciencias sociales, por lo cual, no habría de ser una excepción la presencia de consideraciones sobre la situación social de la mujer en las disertaciones de los filósofos de la sospecha:[13] Karl Marx (1818-1883), Friedrich Nietzsche (1844-1900) y Sigmund Freud (1856-1939).

Sin embargo, desde un primer momento es posible evidenciar disimilitudes en cuanto a la dedicación y abordaje de la situación social de la mujer en las obras de los filósofos de la sospecha; hecho que serviría de argumento para algunos sectores académicos y sociales para afirmar de manera apriorística el carácter misógino y sexista de los autores al obviar o minimizar a la mujer en sus propuestas teóricas.

Pero, ¿existe en las disertaciones de los filósofos de la sospecha Karl Marx, Friedrich Nietzsche y Sigmund Freud una concepción de la mujer? ¿De existir una o múltiples concepciones sobre la mujer en la obra de los filósofos de la sospecha, es esta de carácter sexista o vindicativa? ¿Es posible reconocer influencias del pensamiento religioso, filosófico y científico antecesor en las consideraciones sobre la mujer expuestas por los filósofos de la sospecha? ¿Cómo se concibe a la mujer en la sociología contemporánea? ¿En qué consisten los estudios de género de los sociólogos contemporáneos Erving Goffman, Pierre Bourdieu y Anthony Giddens? ¿La concepción de la mujer de los filósofos de la

---

[13] La categoría "filósofos de la sospecha" o también conocida como "maestros de la sospecha" fue introducida en 1965 por el filósofo francés Paul Ricoeur en su libro *Freud: Una interpretación de la cultura*, para referirse a tres pensadores que aparentemente se excluyen entre sí: Marx, Nietzsche y Freud, con la intención de desmitificar los determinismos atribuidos a la obra de dichos autores y desenmascarar a través de la hermenéutica sus intenciones comunes de impugnar el primado del "objeto" y considerar la conciencia en su conjunto como conciencia "falsa".

sospecha Marx, Nietzsche y Freud ha influenciado[14] los estudios de género de los sociólogos contemporáneos Goffman, Bourdieu y Giddens?

Son estos algunos de los elementos a dilucidar en este texto titulado: *Machismo y vindicación (la mujer en el pensamiento sociofilosófico)*, con el propósito de aportar a la consolidación y posicionamiento dentro de las ciencias sociales de una teoría social de género, desprejuiciada y desmitificada en cuanto a la discriminación por razones de género. Además, se propone contribuir a la articulación de la teoría social clásica, contemporánea y los estudios de género en la comprensión de los fenómenos sociales históricamente concebidos como periféricos.

---

[14] No entenderemos aquí influencia como condición de poder, es decir, como forma de dominio, autoridad o control sobre una cosa, persona o idea. Tampoco la entenderemos como causalidad en el sentido cartesiano de conocimiento de los efectos por sus causas; ni desde la perspectiva de Bunge como la condicionalidad de los sucesos en la cual un efecto determinado se produce en tanto y en cuanto se cumplan ciertas condiciones. Tampoco se entenderá aquí influencia como adecuación causal entendida desde la perspectiva weberiana como una sucesión de hechos en que según las reglas de la experiencia exista la probabilidad de que siempre transcurra de igual manera. Por el contrario, entenderemos la influencia como la posibilidad imprevisible de que una cosa, persona o idea, -aunado a una multiplicidad de agentes efectuales- produzca un efecto o impacto sobre otra, el cual –de producirse- podrá ser aceptación o crítica, adhesión o rechazo, legitimación o desarticulación.

Primera parte.
Concepción de la mujer
en los filósofos de la sospecha

Capítulo 1. Explotada y vindicada: La mujer en la obra de Karl Marx

Introducción

Karl Marx (1818-1883) junto a Friedrich Nietzsche y Sigmund Freud fue denominado por Paul Ricoeur como uno de los filósofos de la sospecha por su contribución a la desmitificación e impugnación de las concepciones tradicionales de la realidad y la consideración de la conciencia en su conjunto como conciencia "falsa".

Desmitificación e impugnación de la realidad que Marx llevaría a cabo desde el materialismo histórico, al considerar que la producción de la existencia, y por tanto la economía, ha sido uno de los elementos fundamentales en torno a los cuales se ha organizado lo social, condicionando aún en la actualidad de manera determinante la realidad y el desenvolvimiento de los individuos.

Sería este predominio social de la economía lo que motivaría la emergencia del pensamiento y postulados teóricos del filósofo de la sospecha Karl Marx, quien orientaría su propuesta a la crítica del capital y la emancipación de la clase trabajadora.

Sin embargo, una de las dificultades fundamentales a la que nos enfrentamos al momento de comprender una teoría sociológica clásica será precisamente esa tendencia a percibirla como una de las teorías mesiánicas y reparadoras de lo social, este es específicamente el caso de la teoría marxiana.

Karl Marx se instituyó en el inconsciente colectivo como profeta, como mesías, destinado a modificar el caos social que representó la modernidad, como médico social destinado a diagnosticar y encontrar la cura a los males o sociopatías que aquejan al cuerpo social.

No obstante, se hace necesario desmitificar las teorías, las cuales surgen como productos intelectuales de un periodo histórico específico. Para ser exactos podemos ubicar tempo-espacialmente la teoría marxiana en la revolución industrial, la cual se produjo progresivamente en diversas sociedades europeas en diferentes momentos históricos alrededor del siglo XIX y XX constituyendo un acontecimiento clave en la transformación del mundo social occidental.

> La modificación de dinámicas sociales, formas de establecimiento social, familiar, conyugal, de producción y formas laborales, crecimiento demográfico, pobreza, pauperismo, mejoras tecnológicas, pero también desplazamiento de la mano de obra humana, urbanización, emplazamientos urbanos, cambio en la religiosidad, y la influencia de esta en la vida de los individuos, son entre muchos, algunos de los factores que nutrieron la problematización sociológica, en el caso de Marx su teoría surgiría como una crítica a la economía política clásica, principalmente las postulados de Adam Smith y David Ricardo, las cuales contenían los criterios de explotación y apropiación del sistema económico imperante. Este modo de producción industrial inscrito bajo los criterios del libre mercado en los que unos pocos obtenían y acaparaban cuantiosas ganancias a expensas del trabajo de muchos otros generó una reacción la más de las veces negativa en la reflexión sociológica, sin embargo, esta tuvo matices según los autores, en el caso específico que nos ocupa se constituirían en la problemática central de la teoría marxista junto a una propuesta de cambio contenida en la idea del socialismo. Es así como la teoría marxista se constituye como una teoría conflictivista, cuyo núcleo central de los postulados lo van a constituir la reflexión, comprensión y visibilización del conflicto, manifiesto en la lucha de clases. Ahora bien, no deben confundirse lo considerado por Marx al respecto, pues para éste el conflicto ilustrado en la *lucha de clases* aparece como premisa histórica, es decir, presente a lo largo del proceso histórico social de la humanidad, no obstante, esta logró acentuarse y profundizarse en el sistema capitalista como sistema económico representativo de la modernidad (Pineda, 2011, p. 19-20).

Para Marx la lucha de clases de la sociedad moderna capitalista e industrializada simplificó la antes mencionada lucha de clases en dos grandes grupos, que pasaron a contener en su seno la totalidad de los individuos constituyentes de la sociedad y pertenecientes a clases antagónicas e irreconciliables. Estructuras externas al individuo que lo condicionan pero de las que además forma parte, estas clases serían la burguesía y el proletariado.

De acuerdo a ello, afirmaría que la clase se sustantiva frente a los individuos que la forman, es decir, se encuentran ya con sus condiciones de vida predestinadas por así decirlo. Se encuentran con que la clase les asigna su posición en la historia, la vida y la trayectoria de su desarrollo personal, se ven absorbidos por la clase a la que pertenecen.

Esta lucha o conflicto de clase se haría manifiesta producto de las contradicciones que estas clases comprenden pues el capitalista organiza su fuerza y poderío sobre la base del poder económico, la propiedad privada y la explotación del "otro", proletario.

Será sobre este hecho que descansa la pretendida superioridad del capitalista al erigirse como poseedor de los medios productivos, lo cual le permitiría ejercer una sistemática explotación como criterio máximo de realización de la lógica capitalista sobre el proletario, cuya debilidad como clase social radica en el hecho de que se encuentra desposeído de poder económico y material. El proletariado no tiene acceso a los medios productivos por lo cual la realización de su trabajo y la obtención de sus medios de vida se realiza por medio del *salario*, es decir, se encuentran sujetos a los intereses y necesidades del capitalista.

Es entonces en este contexto y desde una perspectiva vindicativa que Marx intentó aproximarse a la situación social de la mujer. Pero ¿existe en Marx una concepción sobre la mujer? O por el contrario ¿existe en la teoría marxiana diversas concepciones sobre la mujer? ¿Cuál ha sido la influencia o herencia filosófica de Karl Marx en la constitución de dichas concepciones sobre la mujer?

Son estos algunos de los aspectos a los cuales intentaremos aproximarnos analíticamente a través de la reconstrucción y deconstrucción de dicho pensamiento propuesto por Marx, cuyo estudio de su concepción sobre la mujer se nos presenta como imprescindible para el abordaje de la perspectiva de género desde las ciencias sociales, al haberse destacado como uno de los pensadores de la historia de la filosofía cuyas teorías han influido con más fuerza en la configuración y organización de la sociedad.

Vida y obra

Karl Marx, nació el 5 de mayo de 1818 en Tréveris, ciudad del antiguo Reino de Prusia. Karl fue el segundo de los ocho hijos de una familia clase media judía convertida al cristianismo —en el contexto de la persecución antisemita–, conformada por el abogado y consejero de justicia Heinrich Marx y Enriqueta Pressburg.[15]

---

[15] Esta infravaloración e invisibilización de la mujer dentro del pensamiento social anteriormente mencionada también se hará manifiesta desde la perspectiva historicista y el abordaje biográfico, como es el caso que se nos presenta en donde no fue posible hallar ningún dato biográfico sobre Enriqueta Pressburg referente a su historia, actividades, intereses, más allá de su explicita descripción desde el rol de madre de nuestro autor en estudio. Este hecho limita nuestras posibilidades de comprensión de la relación de Karl Marx con su madre, así como, inferir como dicha relación pudo influenciar en las consideraciones sobre la mujer en su obra.

En 1836 Karl Marx ingresaría a la Universidad de Bonn para realizar estudios de derecho como lo aspirase su familia; sin embargo, Marx se vincularía más que al ámbito jurídico, a la literatura, la poesía y la filosofía, uniéndose al Club de Poetas y otras asociaciones estudiantiles de esta naturaleza.

En ese año de su ingreso a la universidad Marx se comprometería en secreto con Jenny von Westphalen,[16] quien fuese su vecina en la ciudad de Tréveris y con quien pese a la oposición que encontrasen para el establecimiento de su relación se convertiría en su compañera de vida.

Al año siguiente 1837, Marx se trasladaría a la Universidad de Berlín para continuar sus estudios de derecho, pero, a poco de su llegada a esta universidad Karl Marx perdería definitivamente el poco interés que hasta el momento había mantenido por las ciencias jurídicas y se orienta de manera definitiva al estudio de la filosofía.

En el año 1841 Karl Marx recibe de la Universidad de Berlín el título de Doctor en Filosofía, con una tesis sobre las diferencias entre la propuesta filosófica de Demócrito y Epicuro. Sin embargo, cuando sus posibilidades de ingreso como profesor a la Universidad de Bonn se vieron frustradas, Marx inicia su recorrido profesional en el periodismo, como colaborador y redactor; no obstante, su perspectiva humanista se tornaría políticamente incómoda para el gobierno prusiano por lo cual la censura lo obligaría a abandonar sus actividades de editor-jefe.

En 1843 Marx se casa con su prometida desde 1836 Jenny von Westphalen con quien procrearía a lo largo de su vida 7 hijos: Jenny, Laura, Edgar, Guido, Franziska, y Eleonor. A finales de ese mismo año la pareja emigraría a París en donde Karl Marx tendría posibilidad de acercarse a las sociedades socialistas, comunistas y de obreros alemanes; lo que contribuiría a fortalecer su concepción política y su interés por la economía.

El año siguiente Marx publicaría en colaboración con Arnold Ruge los *Anales franco-alemanes*, redactaría los *Manuscritos económicos y filosóficos de 1844*, entraría en contacto con la denominada Liga de los justos, se relaciona con Heine, Leroux, Blanc, Proudhon, Bakunin, además de conocer y establecer la amistad y relación colaborativa más importante de su vida con Federico Engels.

---

[16] Con respecto a Jenny von Westphalen, nos encontramos en situación similar a la anteriormente referida, la información disponible se organiza en torno a su procedencia aristocrática y la prominente presencia de su familia, fundamentalmente de su abuelo paterno, su padre y hermano. Posteriormente aparecerá representada solo como esposa y madre de los hijos de Karl Marx, por lo cual desconocemos la influencia que esta pudo tener en su concepción de la mujer o si contribuyó de manera directa en alguna de sus obras.

Ese mismo año el gobierno prusiano exacerba las presiones contra la obra de Karl Marx y en esta oportunidad ordena su encarcelamiento por sus consideraciones en los *Anales franco-alemanes*. Más tarde en 1845 Marx sería expulsado del territorio francés a solicitud del gobierno prusiano. Esta situación lo llevaría a renunciar a la nacionalidad prusiana y trasladarse a Bruselas donde en compañía de Federico Engels escribe *La sagrada familia* y la *Ideología Alemana*.

En 1847 Marx se incorpora a la liga de los comunistas y en la celebración de su primer congreso le es solicitado a Marx y Engels la redacción del *Manifiesto del partido comunista* el cual sería publicado en 1848.

En 1949 sus consideraciones en el *Manifiesto del partido comunista,* así como algunas de sus colaboraciones, exacerbarían sus problemas políticos, jurídicos y financieros, a razón de lo cual se establece con su familia en Londres. A pesar de su decisión no disminuyen sus problemas económicos, por lo cual a fin de continuar su trabajo intelectual recibiría el apoyo monetario de Federico Engels.

En los años subsiguientes Marx redactaría una diversidad de artículos y panfletos, se enfrentaría a problemas de salud que limitarían su trabajo, así como, a la muerte de varios de sus hijos como consecuencia de sus precarias condiciones de vida.

En 1857 inicia la redacción de su obra *Crítica de la economía política*, la cual es publicada en el formato de fascículos en 1858. Entre los años 1861 y 1862 Marx con una salud más deteriorada y profundizados sus problemas financieros regresa a Tréveris en búsqueda de apoyo financiero de su familia e intenta recuperar la nacionalidad alemana, sin embargo, en ambos casos la ayuda solicitada le es categóricamente negada.

A su regreso a Londres en 1863 Marx inicia el trabajo de su obra *El capital*, cuyo primer libro es publicado en 1867. Pero a consecuencia de la difícil situación de salud y financiera de Marx, su amigo y principal colaborador Federico Engels le fija una renta anual por el resto de su vida que le permite proseguir a dedicación exclusiva su trabajo intelectual.

Los años posteriores pese a su precaria condición de salud se caracterizaron por el retorno de Marx a la vida política, y su trabajo de redacción de sus observaciones al *Programa de Gotha* y el segundo libro de *El capital*; el cual se vería interrumpido por su muerte a los 65 años de edad a consecuencia de problemas respiratorios el 14 de marzo de 1883 en la ciudad de Londres.

Concepción de la mujer

La aproximación a la situación social de la mujer que realizase el filósofo de la sospecha Karl Marx en sus obras partiría, en primer término, de su concepción antropofilosófica en la cual el ser (hombre-mujer) es concebido como un ser genérico social y consciente, condicionado históricamente por la acción económica de producción de las condiciones materiales de su existencia, en el contexto del sistema de producción y la división del trabajo instaurada.

Sin embargo, al partir de una concepción del ser como un todo y no establecer diferenciaciones sustantivas entre el ser genérico (hombre-mujer), Marx dedicaría poco de su obra al tratamiento específico de la situación social de la mujer, al considerar que la situación por esta experimentada era una consecuencia más de las inequidades en lo que refiere a la estructura de clases de la sociedad capitalista, capaz de reducir al ser a la condición de animal, de bestia, para la satisfacción de sus necesidades vitales mediante la venta de su fuerza de trabajo. Por ello, para Marx, la situación específica experimentada por la mujer podría ser modificada con la transformación del modo de producción, la división social del trabajo y la supresión de las clases sociales bajo la figura del socialismo.

Así mismo, se evidenciará un mayor interés y abordaje a la situación social de la mujer por parte de Karl Marx en los trabajos colaborativos junto a Federico Engels,[17] quien en sus obras se dedicase con mayor amplitud al tratamiento de este ámbito desatendido por el pensamiento filosófico y las ciencias sociales emergentes; razón por la cual el pensamiento de Marx sobre la mujer va a desarrollarse en todo momento en las diferentes etapas de su obra desde una perspectiva vindicativa.

Sería en su obra temprana o de juventud los *Manuscritos económicos y filosóficos de 1844*, donde Karl Marx haría las primeras consideraciones sobre la situación social de la mujer, desde una perspectiva vindicativa,

---

[17] Gran proporción de las consideraciones de Karl Marx sobre la mujer en este trabajo expuestas, provienen de sus obras colaborativas junto a Federico Engels, quien demostrase mayor preocupación por la situación social de la mujer. Al respecto, el lector pudiese cuestionar la exclusión de Federico Engels en el proceso de selección de los autores centrales de esta investigación, así como, de la nominación de este capítulo titulado *Concepción de la mujer en el filósofo de la sospecha Karl Marx*; no obstante, en correspondencia a los objetivos de la investigación propuesto, y manteniendo como núcleo central del trabajo el abordaje del mismo desde la concepción ricoeurtiana de los filósofos de la sospecha: Karl Marx, Friedrich Nietzsche y Sigmund Freud, hemos decidido la inclusión de los aportes sobre la mujer de Engels en el corpus del trabajo en el contexto de su colaboración junto a uno de nuestros autores centrales Karl Marx.

mantenida a lo largo de su obra, en el contexto de la explotación capitalista a la cual se encuentra sometida la clase proletaria.

Para Marx "el trabajo se presenta en la Economía Política únicamente bajo el aspecto de actividad lucrativa" (Marx, 2003, p. 60), como relación social de poder desprovista de humanidad y de obligación moral, fundamentada exclusivamente en el salario y motivada por el incremento del capital, razón por la cual "la economía política sólo conoce al obrero en cuanto animal de trabajo, como una bestia reducida a las más estrictas necesidades vitales" (*Op. cit*, p. 61) situación que se extenderá indiscutiblemente a las obreras por su condición de clase.

Para el filósofo de la sospecha, desde esta perspectiva la situación social de las mujeres se presenta con mayor precariedad que la de los obreros, dado que al haber sido incorporadas masivamente al engranaje productivo de la sociedad capitalista industrial, se encuentran expuestas a una sobrexplotación en relación a la explotación ya experimenta por sus compañeros obreros hombres, lo cual queda en evidencia en las estadísticas de la época.

> En las hilaturas inglesas están actualmente ocupados sólo 158.818 hombres y 196.818 mujeres. Por cada 100 obreros hay 103 obreras en la fábrica de algodón del condado de Lancaster y hasta 209 en Escocia. En las fábricas inglesas de lino, en Leeds, se contaban 147 obreras por cada 100 obreros; en Druden y en la costa oriental de Escocia, hasta 280. En las fábricas inglesas de seda… muchas obreras; en las fábricas de lana, que exigen mayor fuerza de trabajo, más hombres… También las fábricas de algodón norteamericanas ocupaban, en 1833, junto a 18.593 hombres, no menos de 38.927 mujeres. Mediante la transformaciones en el organismo del trabajo le ha correspondido, pues, al sexo femenino, un círculo más amplio de actividad lucrativa…, las mujeres una posición económica más independiente…, los dos sexos más aproximados en sus relaciones sociales (Schulz en Marx, 2003, p. 61-63).

No obstante, Marx no haría una crítica u observación explícita a dicha afirmación, tampoco explicaría las razones para esta sobrexplotación de las mujeres, ni ahondaría en aspectos sustantivos como la diferencia salarial en detrimento de las mujeres por la venta de la fuerza de trabajo en una actividad productiva de misma naturaleza; tampoco reflexionaría ni visibilizaría los conflictos producidos en la dinámica social como consecuencia de la competencia entre trabajadores y trabajadoras por el progresivo desplazamiento de la mano de obra masculina y su sustitución por mano de obra femenina a bajo costo.[18]

---

[18] Este aspecto y el intento de su explicación sería más tarde retomado de manera breve en *El manifiesto del partido comunista*, donde Marx junto a Engels afirmaría:

El filósofo de la sospecha, Karl Marx, solo se limitaría a citar las estadísticas del trabajo de las mujeres en la industria textil, en el contexto del cuestionamiento del sentido que tiene en el desarrollo de la humanidad la reducción de la mayor parte de esta al trabajo abstracto. No obstante, es posible inferir que la incorporación de dicha nota sugiere fundamentalmente una crítica a los intentos de la economía política de invisibilizar la real condición de explotación a la cual se encuentran sujetas las obreras; así como su interés por limitar e invalidar las demandas emancipadoras de los movimientos feministas emergentes aduciendo una mejora en la situación social de los sexos como consecuencia de la incorporación masiva de las mujeres a la actividad productiva del engranaje del capital y la independencia económica a ella asociada. Situación denunciada por Flora Tristán en *La Unión Obrera,* texto que formó parte de la biblioteca de Karl Marx y que influyó en sus consideraciones sobre la mujer.

Para Marx, –contrario a la idea de la economía política que afirmaba haber contribuido a superar las distinciones entre los sexos– esta masiva incorporación de la mujer al engranaje productivo de la sociedad industrial la ha arrojado a la explotación y el pauperismo. La posición e independencia económica de la mujer aducida por la economía política se presenta como ficción, dado que, el trabajo femenino, al igual que el de toda la clase obrera, se desarrolla en un contexto de fluctuaciones e inestabilidad en la dependencia a los caprichos del patrono capitalista; al mismo tiempo que ha contribuido a la limitación del desarrollo de su potencial humano.

Aunado a ello, para el filósofo de la sospecha el capitalismo, al haber desprovisto a la mayoría de la población de la posibilidad de tenencia de los medios productivos para la satisfacción de sus necesidades fundamentales y haberla deshumanizado mediante su reducción a la condición de máquina, ha degenerado moralmente a la mujer; la ha empujado no solo a la venta de su fuerza de trabajo sino también a su sexualización no deseada, a la venta al detal de su cuerpo cual mercancía, es decir, a la prostitución.

> Ch. Loudon en su trabajo *Solution du probléme de la population*, etc., París, 1842, dice que en Inglaterra existen entre 60.000 y 70.000 prostitutas. El número de mujeres de dudosa virtud es del mismo orden. [Las cuales] una vez lanzada a la carrera del vicio, la vida

---

"Cuanto menos habilidad y fuerza requiere el trabajo manual, es decir, cuanto mayor es el desarrollo de la industria moderna, mayor es la proporción en que el trabajo de los hombres es suplantado por el de las mujeres y los niños. Por lo que respecta a la clase obrera, las diferencias de edad y sexo pierden toda significación social. No hay más que instrumentos de trabajo, cuyo coste varía según la edad y el sexo" (Marx & Engels, 1979, p. 132).

> media de estas infortunadas criaturas en el arroyo es, aproximadamente, de seis o siete años. De modo que para mantener el número de 60 a 70.000 prostitutas, ha de haber en los tres reinos al menos de 8 a 9.000 mujeres que se consagran anualmente a este infame menester, o sea aproximadamente veinticuatro nuevas víctimas por día, lo que significa una media de una cada hora, y en consecuencia, si en toda la superficie de la tierra se da la misma proporción, debe existir constantemente millón y medio de estas desgraciadas (Marx, 2003, p. 65).

Degeneración moral de la mujer que Marx atribuirá a la burguesía poseedora de los medios productivos y del capital económico, es decir, posibilitada en lo que refiere a la compra de la fuerza de trabajo del proletariado, pero también de los cuerpos pauperizados de las mujeres pertenecientes a esta clase desposeída.

Pero esta corrupción moral de la mujer proletaria propiciada por la clase burguesa, no solo va a presentarse bajo la figura de la prostitución como consecuencia de la miseria a la que ha sido reducida la clase proletaria; también habrá de hacerse presente en la forma del abuso sexual, la seducción y/o la violación perpetrada por el hombre burgués.

Este aspecto sería desarrollado por Marx junto a Federico Engels[19] en 1845 en su texto *La sagrada familia,* donde advierten:

> A menudo el amo pervierte a la sirvienta por medio del terror, la sorpresa o el aprovechamiento de las ocasiones creadas por la naturaleza misma de la domesticidad. La hunde en la desgracia, la vergüenza, el crimen. Pero la ley quiere ignorar todo esto... El criminal, que de hecho ha incitado a la joven al infanticidio, no es castigado. (...) El adulterio, la seducción, hacen honor a los seductores y son de buen tono... ¡Pero pobre muchacha! ¡Qué crimen el infanticidio! Si ella aprecia la honra, es necesario que haga desaparecer las pruebas de su deshonra; y si ella sacrifica su hijo a los prejuicios del mundo, es deshonrada aún más y cae bajo los prejuicios de la ley... Tal es el círculo vicioso que describe todo mecanismo civilizado... (Marx & Engels, 1971, p. 221-222).

Este abuso sexual de la mujer perpetrado por el burgués, quien se siente con el derecho de posesión sobre su cuerpo como de las tierras y los medios de producción, aparecerá como una preocupación constante

---

[19] En 1844, el año en que Marx escribiese los *Manuscritos económicos y filosóficos,* conocería en París a Friedrich Engels, con quien entablaría una estrecha amistad y afinidad intelectual, constituyéndose desde entonces en una de las principales influencias en lo que refiere a las consideraciones sobre la mujer en Marx, pues la situación social de la mujer siempre constituiría una parte fundamental de las reflexiones en la obra de Engels

en la obra de Karl Marx y Federico Engels; pues no solo constituye una denuncia a la situación de violencia y vulnerabilidad a la que se encontrasen sujetas las mujeres, sino que además supuso una crítica abierta a la moral burguesa establecida como consecuencia de las nociones de propiedad privada.

Pero además de ello, esta referencia hecha por Marx y Engels pudiera constituirse como una de las consideraciones más polémicas y progresistas en su obra en lo que refiere a la situación social de la mujer, pues aborda –si bien bajo otra denominación– el aborto o también denominada interrupción voluntaria del embarazo; elemento que se constituiría posteriormente como una de las principales demandas del movimiento feminista moderno.

Para Marx y Engels el infanticidio o aborto no se constituye como una acción infundada de la mujer, por el contrario –para ellos– la sociedad misma desde su lógica del capital y la apropiación incluso de la existencia y cuerpo de otros seres humanos, crea las condiciones para la puesta en práctica del aborto; no obstante, posterior a que induce a la mujer a dicha situación la condena y sanciona severamente por haber transgredido el orden social burgués que su misma clase la llevó a transgredir.

Ahora bien, Marx en su obra también disertaría sobre la situación social de la mujer en la institución del matrimonio, entendiendo este último como forma de propiedad privada exclusiva, engendrada por la clase burguesa.[20] Pero también haría una fuerte crítica al comunismo en lo que respecta a sus concepciones sobre la mujer y rechazaría categóricamente el pretendido establecimiento de la comunidad de mujeres como propiedad, ya no solo del burgués, sino como extensión de su propiedad al colectivo, afirmando que:

> El comunismo es: En su primera forma solamente una generalización y conclusión de la misma, como tal se muestra en una doble forma: de una parte el dominio de la propiedad *material* es tan grande frente a él, que él quiere aniquilar todo lo que no es susceptible de ser poseído por todos como *propiedad privada*; quiere prescindir de forma *violenta* del talento, etc. La *posesión* física inmediata representa para él la finalidad única de la vida y de la existencia; el destino del obrero no es superado, sino extendido a todos los hombres; la

---

[20] Posteriormente en *El manifiesto del partido comunista*, Marx diferenciaría la dinámica conyugal y familiar del proletariado en relación a la dinámica burguesa: "el proletario no tiene propiedad; sus relaciones con la mujer y los hijos no tienen nada de común con las relaciones familiares burguesas" (Marx & Engels, 1979, p. 136). Si bien no desarrolla este aspecto, es posible inferir de ello que desde su perspectiva en el proletariado como consecuencia de la ausencia de propiedad, la relación conyugal y familiar se da como desprovista de dominación.

relación de la propiedad privada continúa siendo la relación de la comunidad con el mundo de las cosas; finalmente se expresa este movimiento de oponer a la propiedad privada la propiedad general en la forma animal que quiere oponer al matrimonio (que por demás es una *forma de la propiedad privada exclusiva) la comunidad de las mujeres*, en que la mujer se convierte en propiedad *comunal y común*. Puede decirse que esta idea de la *comunidad de mujeres es el secreto a voces* de este comunismo todavía totalmente grosero e irreflexivo (Marx, 2003, p. 136).

Para Marx, más allá del sistema económico establecido y dominante (capitalismo-comunismo), la relación del hombre con respecto a la mujer constituye una reproducción de la dinámica relacional del ser genérico con respecto a la naturaleza, la cual se fundamenta en su control y su apropiación, su reducción a la condición de propiedad para su explotación como alienación, es decir, como cosificación y distorsión de la naturaleza humana y la supeditación de esta a intereses ajenos y antagónicos.

En la relación con la mujer, como presa y servidora de la lujuria comunitaria, se expresa la infinita degradación en la que el hombre existe para sí mismo, pues el secreto de esta relación tiene su expresión, inequívoca, decisiva, manifiesta, revelada, en la relación del hombre con la mujer y en la forma de concebir la inmediata y natural relación genérica. La relación inmediata, natural y necesaria del hombre con el hombre, es la relación del hombre con la mujer. En esta relación natural de los géneros, la relación del hombre con la naturaleza es inmediatamente su relación con el hombre, del mismo modo que la relación con el hombre es inmediatamente su relación con la naturaleza, su propia determinación natural. En esta relación se evidencia, pues, de manera sensible, reducida a un hecho visible, en qué medida la esencia humana se ha convertido para el hombre en naturaleza o en qué medida la naturaleza se ha convertido en esencia humana del hombre. Con esta relación se puede juzgar el grado de cultura del hombre en su totalidad. Del carácter de esta relación se deduce la medida en que el hombre se ha convertido en ser genérico, en hombre, y se ha comprendido como tal; la relación del hombre con la mujer es la relación más natural del hombre con el hombre. En ella se muestra en qué medida la conducta natural del hombre se ha hecho humana o en qué medida su naturaleza humana se ha hecho para él naturaleza. Se muestra también en esta relación la extensión en que la necesidad del hombre se ha hecho necesidad humana, en qué extensión el otro hombre en cuanto hombre se ha convertido para él en necesidad; en qué medida él, en su más individual existencia, es, al mismo tiempo, ser colectivo (Marx, 2003, p. 136-138).

Este elemento marcaría significativamente el interés de Karl Marx en lo que refiere a la situación social de la mujer, pues sería posteriormente retomado y desarrollado junto a Federico Engels en *La sagrada familia* afirmando que: "¿No es la joven una mercancía expuesta en venta para quien quiera negociar la adquisición de su propiedad exclusiva?..." (Marx & Engels, 1971, p. 222).

No obstante, sorprende que tan solo cuatro años más tarde de realizadas las críticas consideraciones de Marx en los *Manuscritos económicos y filosóficos de 1844* sobre la pretendida constitución y establecimiento de la comunidad de mujeres, diera un giro tan rotundo al respecto en el *Manifiesto del partido comunista* (1848) donde afirmase:

> ¡Pero es que vosotros, los comunistas, queréis establecer la comunidad de las mujeres! –nos grita a coro toda la burguesía. Para el burgués, su mujer no es otra cosa que un instrumento de producción. Oye decir que los instrumentos de producción deben ser de utilización común, y, naturalmente, no puede por menos de pensar que las mujeres correrán la misma suerte. No sospecha que se trata precisamente de acabar con esa situación de la mujer como simple instrumento de producción. Nada más grotesco, por otra parte, que el horror ultramoral que inspira a nuestros burgueses la pretendida comunidad oficial de las mujeres que atribuyen a los comunistas. Los comunistas no tienen necesidad de introducir la comunidad de las mujeres: casi siempre ha existido. Nuestros burgueses, no satisfechos con tener a su disposición las mujeres y las hijas de sus obreros, sin hablar de la prostitución oficial, encuentran un placer singular en encornudarse mutuamente. El matrimonio burgués es, en realidad, la comunidad de las esposas. A lo sumo, se podría acusar a los comunistas de querer sustituir una comunidad de las mujeres hipócritamente disimulada, por una comunidad franca y oficial. Es evidente, por otra parte, que con la abolición de las relaciones de producción actuales desaparecerá la comunidad de las mujeres que de ella se deriva, es decir, la prostitución oficial y privada (Marx, 1879, p. 145-146).

Al respecto, es posible considerar que la modificación en sus concepciones en lo que refiere al establecimiento de la comunidad de las mujeres que considerase previamente como grosero, irreflexivo y degradante, aunado a la desarticulación del matrimonio burgués, se encuentra fuertemente influenciada por la progresiva radicalización del pensamiento de Karl Marx desde los *Manuscritos económicos y filosóficos de 1844*, así como, por las posturas teóricas asumidas por su compañero Federico Engels.

Además, será posible aquí entender la denominada comunidad de las mujeres como la supresión de la condición de alienación anteriormente descrita. Es decir, la superación de la distorsión de la condición humana de la mujer y de supeditación a los intereses ajenos del hombre burgués y proletario como consecuencia de la supresión de la institución del matrimonio asociada a la existencia de las clases sociales.

Las consideraciones de Karl Marx y Federico Engels sobre la comunidad de mujeres expuestas en el *Manifiesto del partido comunista,* pueden ser comprendidas como el tácito reconocimiento de la independencia, autonomía y libertad corpórea y sexual de la mujer posteriormente demandada por la segunda ola del feminismo.

Ahora bien, en los años subsiguientes Marx mantendría sus consideraciones sobre la mujer de manera muy breve pero consecuente en las diversas intervenciones en las que participase y en las obras que escribiese, siempre en el contexto de la situación social de la clase obrera.

> Con la división del trabajo, que lleva implícitas todas estas contradicciones y que descansa, a su vez, sobre la división natural del trabajo en el seno de la familia y en la división de la sociedad en diversas familias opuestas, se da, al mismo tiempo, la distribución y, concretamente, la distribución desigual, tanto cuantitativa como cualitativamente, del trabajo de sus productos; es decir, la propiedad, cuyo primer germen, cuya forma inicial se contiene ya en la familia, donde la mujer y los hijos son los esclavos del marido. La esclavitud, todavía muy rudimentaria, latente en la familia, es la primera forma de propiedad, que se corresponde perfectamente con la definición de los modernos economistas, según la cual el derecho del trabajo y la propiedad privada son términos idénticos: uno de ellos, dice, referido a la actividad, lo mismo que el otro, referido al producto de ésta (Marx & Engels, 1988, p. 28-29).

Así lo pondría de manifiesto Marx en la "Introducción de la Primera Internacional" (1864) donde afirmaría que: "No digo que sea un error que mujeres y niños participen en nuestra producción social, sino, la forma en que tienen que trabajar" (...) "la emancipación de las clases productoras implica a todos los seres humanos sin distinción de sexo o raza".

Más tarde en *El Capital* (1867) profundizaría las reflexiones de Engels hechas en *La situación de la clase obrera en Inglaterra,* al exponer como responsable de la situación social de explotación y desigualdad de la mujer a la burguesía capitalista y su sistema de alienación y degradación del potencial humano al dilatar e impeler el desarrollo de sus capacidades, pues:

> Cuando el capital se apoderó de la máquina, exclamó: "¡trabajo de mujeres, trabajo de niños!". La máquina, medio poderoso de aminorar

los trabajos del hombre, se convirtió al punto en medio de aumentar el número de asalariados. Doblegó bajo el látigo del capital a todos los miembros de la familia, sin distinción de edad ni de sexo. El trabajo forzado de todos en provecho del capital, usurpó el tiempo de los juegos de la niñez y reemplazó el trabajo libre, que tenía por objeto el sostenimiento de la familia. El valor de la fuerza del trabajo estaba regulado por los gastos de sostenimiento del obrero y su familia. Lanzando a la familia al mercado, y distribuyendo así entre muchas fuerzas el valor de una sola, la máquina la rebaja. Puede ocurrir que las cuatro fuerzas, por ejemplo, que una familia obrera vende ahora, le produzcan más que antes la sola fuerza de su jefe; pero también con cuatro jornadas de trabajo en lugar de una, y es preciso que en vez de una, sean cuatro las personas que suministran al capital, no solamente trabajo, sino también sobretrabajo, para que viva una sola familia. Así es como la máquina, al aumentar la materia humana explotable, eleva al mismo tiempo el grado de explotación. El empleo capitalista del maquinismo desnaturaliza profundamente el contrato, cuya primera condición era capitalista y obrero debían tratar entre sí, como personas libres, ambos comerciantes; poseedor uno de dinero o de medios de producción, y otro de fuerza de trabajo. Todo esto queda destruido desde el instante en que el capitalista compra mujeres y niños. El obrero vendía antes su propia fuerza de trabajo de la cual podía disponer libremente; ahora vende mujeres e hijos y se convierte en mercader de esclavos. Por la incorporación al personal de trabajo de una masa considerable de niños y mujeres, la máquina consiguió, por fin, romper la resistencia que el trabajador varón oponía aun en la manufactura, al depósito del capital. La facilidad aparente del trabajo con la máquina y el elemento más manejable y dócil de las mujeres y los niños le ayudan en su obra de avasallamiento (Marx, 2010, p. 105-106).

Pero sería fundamentalmente en las últimas obras de Karl Marx donde es posible evidenciar un mayor abordaje en lo que refiere a sus consideraciones sobre la situación social de la mujer y la postura vindicativa que mantuviese a lo largo de su obra.

En el *Programa de Gotha* (1875) desarrollaría además un elemento que no había sido antes tocado por el autor[21] y el cual refiere a la salud

---

[21] Sin embargo, este factor ya había sido desarrollado previamente de manera más extensa por Engels en *La situación de la clase obrera en Inglaterra* (1845) donde denunciase las inhumanas condiciones de trabajo de las mujeres: "Sucede, a menudo, que las mujeres que todavía trabajan una noche, paren a la mañana siguiente, y no es nada raro que el parto se realice en la misma fábrica, entre las máquinas. Y si tampoco encuentran en esto los señores burgueses nada de particular, tal vez sus esposas convendrán conmigo en que es una crueldad, una infame barbarie, el obligar a una mujer encinta a trabajar de pie, y con frecuencia inclinada, diariamente hasta el momento del parto, de diez a doce horas (antes más aún). Pero esto no es todo. Si las mujeres, después del parto, pueden dejar de trabajar por catorce días, están contentas y juzgan

física y moral de las mujeres, introduciendo a su propuesta teórica una categoría que tendría un significativo impacto en las consideraciones posteriores del trabajo y que marcaría un precedente en las demandas del movimiento obrero internacional.

> La reglamentación de la jornada de trabajo debe incluir ya la restricción del trabajo de la mujer, en lo que se refiere a la duración, descansos, etc. de la jornada; de no ser así, sólo puede equivaler a la prohibición del trabajo de la mujer en las ramas de la producción que sean especialmente nocivas para el organismo femenino o inconvenientes, desde el punto de vista moral, para este sexo (Marx, 1980, p. 26).

Esta profundización del pensamiento del filósofo de la sospecha, Karl Marx, en lo que refiere a la situación social de la mujer, puede considerarse como una consecuencia de la significativa influencia ejercida no solo por las consideraciones de Engels, sino también por la participación política de su hija Eleonor Marx[22] quien progresivamente se vincularía a los diferentes momentos de la lucha proletaria de las mujeres.

Empero, posterior a la aproximación a las consideraciones sobre la mujer en las diferentes etapas del pensamiento de Karl Marx, es posible afirmar que en este filósofo de la sospecha no aparece explicitada una concepción de la mujer de manera específica, esta se remite a su concepción de ser genérico.

---

tal plazo de tiempo como largo. Muchas vuelven a la fábrica ya después de ocho, cuatro y aún tres días, y trabajan la jornada entera.(...) Naturalmente, el temor de ser despedida, el temor de la desocupación, la arrastra, a pesar de su debilidad, a pesar de los dolores que le produce el trabajo de la fábrica; el interés del fabricante no permite que sus obreros permanezcan en su casa a causa de enfermedad; no deben enfermarse, no pueden osar quedarse en cama una semana, sino el fabricante deberá dejar inactivas sus máquinas o atormentar su sapientísima cabeza con la orden de un cambio temporal; y en vez de hacerlo, despide a su gente si ésta osa enfermarse. (...) La acción del trabajo de las fábricas, sobre el físico de la mujer, tiene un carácter completamente especial. Las desfiguraciones, que son la consecuencia de un largo trabajo, se presentan, en la mujer, en forma más grave; las desfiguraciones de la cadera se producen a menudo, en parte por la falsa posición y el desarrollo mismo de los huesos de la pelvis, y en parte por la lesión de la parte inferior de la columna vertebral" (Engels, 1980, p. 68).

[22] No es muy conocido que la hija de Marx —Eleanor—, jugó un papel activo en el trabajo entre las mujeres obreras en la industria del East End londinense. Eleanor publicó un artículo en la prensa en el que defendía la formación de un sindicato de mecanógrafas, formado por todas las trabajadoras, tanto las que trabajaban en casa como las que escribían en las oficinas de las empresas: "si quieres vivir de tu trabajo, tienes que trabajar con una presión enorme, durante ocho horas diarias o más" (Kapp, 1976, p. 364).

En la obra de Marx, tanto aquella producida individualmente como en colaboración con Engels, sólo fue posible hallar consideraciones historiográficas, críticas y reflexiones sobre la situación social experimentada por la mujer en el seno de una organización societal condicionada por la producción de las condiciones materiales de existencia en el modo de producción capitalista. Consideraciones que aparecerán de manera si bien limitada, pero constantes en la obra de Marx, como focos de atención con miras a la transformación social por medio de la lucha de clases y su concreción en el socialismo.

No obstante, el lector se interrogará sobre las razones de la ausencia de una concepción de la mujer en la obra del filósofo de la sospecha Karl Marx, –la cual inferimos– puede explicarse por el hecho de que el autor no discrimina ni establece diferencias justificadoras de desigualdad social entre hombres y mujeres. Pero además, puede considerarse como una respuesta y manifestación de rechazo al pensamiento biologicista que dominó en este periodo específico y que se erigió como el paradigma legitimador de desigualdades por razones de género.

A modo de síntesis

La aproximación analítica a la concepción de la mujer en el pensamiento del filósofo de la sospecha Karl Marx (1818-1883), nos permitió, en primer término, comprender que para el autor en estudio la concepción de la mujer será una extrapolación de su concepción antropofilosófica, en la cual, el ser (hombre o mujer) se erige como ser genérico, cuya existencia es una existencia material, condicionada históricamente sin distingos sustantivos en su potencial humano como consecuencia de su constitución biológica.

Para Marx, tanto en su obra individual como aquella desarrollada en colaboración con Federico Engels, la naturaleza de la mujer de manera particular, separada del ser genérico, no habrá de constituirse como parte de sus preocupaciones teóricas, políticas, éticas y epistémicas. Por el contrario, habrían de constituirse como una inquietud recurrente a lo largo de su obra, las precarias condiciones de existencia de la mujer en el contexto de una organización social bajo el modo económico-productivo del capitalismo.

Es a partir de esta perspectiva teórica que Marx desarrollaría sus consideraciones de carácter vindicativo sobre la mujer, desde una lógica crítica y desafiante de las normas estatuidas y la dinámica organizativa de la sociedad dominante. Marx cuestionaría vehementemente no la incorporación de la mujer al engranaje productivo de la sociedad, sino las condiciones inhumanas de trabajo y su reducción a la condición de bestia mediante la venta de su fuerza de trabajo a cambio de un salario que apenas le permitiese el mantenimiento de su existencia.

Karl Marx criticaría además –si bien de manera sucinta– el estado de sobrexplotación al que estuviesen sometidas las mujeres obreras, así como, los intentos de la economía política de presentarla como una mejora en la situación social de la mujer, orientada a mermar las desigualdades entre los sexos. Para el filósofo de la sospecha, esta sobrexplotación de la mujer se presenta como una consecuencia del desarrollo de la industria, aunado al perfeccionamiento y tecnificación de la máquina, la cual al requerir menor habilidad y fuerza para su funcionamiento, ha desplazado masivamente la mano de obra masculina, sustituyéndola por la mano de obra de las mujeres a bajos costos; es decir, sacrificando su potencial humano a cambio del incremento de las arcas del capital burgués en una relación socio-económica de dominación desprovista de moral y humanidad.

Finalmente, Marx interpelaría la institución del matrimonio burgués en el cual la relación de la mujer con respecto al hombre es una relación de alienación, de supeditación a intereses ajenos producto de su conversión en propiedad privada exclusiva para la satisfacción de los deseos del hombre burgués; al cual, no le bastará con ejercer la dominación sobre la mujer en la institución del matrimonio, y sobre la clase obrera a través de la compra de su fuerza de trabajo, sino que además, degenerará moralmente a la mujer mediante el abuso, la seducción y la compra de favores sexuales en la modalidad de la prostitución.

Estos hechos en su conjunto llevarían a Karl Marx en sus obras individuales y colaborativas junto a Federico Engels al tratamiento de aspectos aún polémicos en nuestras sociedades contemporáneas, como lo son la supresión de la institución del matrimonio, el aborto y la libertad sexual de las mujeres; consideraciones que –desde nuestra perspectiva– pudieron contribuir –si bien no de manera exclusiva– en la consolidación de los objetivos y demandas del movimiento feminista emergente y su posterior teorización mediante el desarrollo de los estudios de género.

Capítulo 2. Del determinismo a la misoginia: concepción de la mujer en Friedrich Nietzsche

Introducción

La obra de Friedrich Nietzsche (1844-1900), considerada por Paul Ricoeur junto a las obras de Karl Marx y Sigmund Freud como filosofía de la sospecha, se caracterizó por el tratamiento polémico de las temáticas abordadas, así como por las contradicciones presentes en su obra.

Nietzsche rechazaría categóricamente la denominación de su obra como nihilista, por lo cual se autodenominaría "inmoralista"[23] al estar su obra orientada a la negación y cuestionamiento de los dogmas, principios éticos y religiosos sobre los que se constituye la sociedad y que desde su perspectiva han creado las condiciones de sumisión, irreflexión y estancamiento de la humanidad.

A razón de lo expuesto, es posible reconocer en Friedrich Nietzsche la significativa influencia de Heráclito de Éfeso, la cual se haría manifiesta en el desarrollo de una filosofía individualista ya iniciada por sus predecesores Arthur Schopenhauer (1788-1860) y Sören Kierkegaard (1813-1855).

Estos hechos en su conjunto llevarían a Friedrich Nietzsche a la definición de sus ámbitos de interés como lo son el hombre, la vida humana, la historia, la ética, la muerte de los ídolos y en consecuencia, de acuerdo a Julián Marías (2005), a la consolidación de sus reflexiones filosóficas sobre cuatro núcleos conceptuales fundamentales:

---

[23] "En el fondo, son dos las negaciones que encierra en sí mi palabra *inmoralista*. Yo niego en primer lugar un tipo de hombre considerado hasta ahora como el tipo supremo, *los buenos, los benévolos, los benéficos*; yo niego por otro lado una especie moral que ha alcanzado vigencia y dominio de moral en sí, - la moral de la *décadence*, hablando de manera más tangible, la moral *cristiana*" (Nietzsche, 2011, p.154).

- *Lo dionisiaco y lo apolíneo*

  Referido a lo que corresponde a los dos dioses griegos Apolo y Dionysos. El primero es el símbolo de la serenidad, de la claridad, de la medida, del racionalismo; es la imagen clásica de Grecia. En el segundo, en cambio, encuentra en lo impulsivo, lo excesivo y desbordante, la afirmación de la vida, el erotismo y la orgía como culminación de este afán de vivir.

- *El eterno retorno*

  Parte de la negación de la posibilidad de la metafísica, además, parte de la pérdida de la fe en Dios y en la inmortalidad del alma. Pero esa vida que se afirma, que pide siempre ser más, que pide eternidad en el placer, volverá una vez y otra.

- *El superhombre*

  Sugiere que el hombre debe superarse, terminar en algo que esté por encima de él, como el hombre está por encima del mono; esto es el superhombre.

- *La moral de los señores y la moral de los esclavos*

  Distingue dos tipos de moral. La moral de los señores es la de las individualidades poderosas, de superior vitalidad, de rigor para consigo misma; es la moral de la exigencia y de la afirmación de los impulsos vitales. La moral de los esclavos, en cambio, es la de los débiles y miserables, la de los degenerados; está regida por la falta de confianza en la vida, por la valoración de la compasión, de la humildad, de la paciencia.

Es en el contexto de estas reflexiones que se harían presente las consideraciones de Friedrich Nietzsche sobre la mujer, pues nunca dedicó una obra exclusivamente al tratamiento de este tema; por el contrario estas se harían manifiestas, las más de las veces, en la figura literaria de aforismos.

Ahora bien, específicamente en lo que refiere a sus disertaciones sobre la mujer –desde nuestra perspectiva– su propuesta estuvo significativamente influenciada por pensadores antecesores; así como por las diversas situaciones y experiencias que tuvieran parte en la vida del autor que motivarían estas reflexiones expuestas en sus obras.[24]

Sin embargo, la revisión exhaustiva de su obra y la comprensión de las tres concepciones de la mujer manifiestas en su pensamiento –cada

---

[24] Sin embargo para Bertrand Russell (1946) todo el juicio de Nietzsche sobre las mujeres es ofrecido como una verdad axiomática; no está respaldado por pruebas históricas o por su propia experiencia, que en lo que respecta a las mujeres casi se redujo a su hermana.

una de las cuales hace ruptura con la anteriormente propuesta– se presenta como fundamental y constitutiva para las ciencias sociales; dado que Friedrich Nietzsche, al haberse constituido como uno de los pioneros de la teoría crítica, no logró trascender –en lo que refiere a la mujer– la condición de sumisión e irreflexión que tanto cuestionase. Este hecho nos permite poner en evidencia las contradicciones presentes en el abordaje de los fenómenos desde las ciencias sociales, al mismo tiempo que nos aproxima a nuevos campos de problemas desde los estudios de género.

Vida y obra

Friedrich Wilhelm Nietzsche, nació el 15 de octubre de 1844 en la ciudad de Röcken región de Turingia. Su madre fue Franziska Oehler[25] y su padre el pastor luterano Karl Ludwig Nietzsche quien murió –cuando Friedrich apenas contaba con 5 años de edad[26]– como consecuencia de trastornos cerebrales que posteriormente también padeciese el filósofo.

En 1864 inicia sus estudios de filología clásica en la Universidad de Bonn junto al profesor Friedrich Wilhelm Ritschl, a quien seguiría a la Universidad de Leipzig para continuar sus estudios de filología, y donde

---

[25] La ausencia de referencias biográficas de Franziska Oehler, al igual que otras mujeres consideradas en este trabajo, pone de manifiesto la invisibilización de las mujeres en las ciencias sociales y otros ámbitos disciplinares como una constante. Su limitada presencia en todos los casos remitirá al rol social de madre-esposa, como es el caso en estudio, donde Franziska Oehler solo aparecerá en los registros historiográficos como la madre del filósofo de la sospecha Friedrich Nietzsche, quien cuidase de él en su condición de enfermedad hasta el final de su vida junto a su hermana Elisabeth Förster Nietzsche. El mayor acercamiento a estas mujeres del que podemos dar cuenta serán los consideraciones expuestas por Nietzsche en *Ecce Homo*, donde se expresaría de manera descalificativa de su madre y hermana, lo cual puede dar indicios de sus posteriores consideraciones sobre la mujer: "Cuando busco la antítesis más profunda de mí mismo, la incalculable vulgaridad de los instintos, encuentro siempre a mi madre y a mi hermana, -creer que yo estoy emparejado con tal *canaille* [gentuza] sería una blasfemia contra mi divinidad. El trato que me dan mi madre y mi hermana, hasta este momento, me inspira un horror indecible; aquí trabaja una perfecta máquina infernal, que conoce con seguridad infalible el instante en que es posible herirme cruentamente –en mis instantes supremos,… pues entonces falta toda fuerza para defenderse contra gusanos venenosos… La contigüidad fisiológica hace posible tal *disharmonia praestabilita* [desarmonía prestablecida]… Confieso que la objeción más honda contra el 'eterno retorno', que es mi pensamiento auténticamente *abismal*, son siempre mi madre y mi hermana" (Nietzsche, 2011, p. 34).

[26] "Mi padre murió a los treinta y seis años: era delicado, amable, enfermizo, como un ser destinado tan sólo a pasar de largo, - más una bondadosa evocación de la vida que la vida misma" (Nietzsche, 2011, p. 29-30).

conoce la obra de Arthur Schopenhauer[27] quien se convertiría en la principal influencia de su pensamiento. Así mismo, –si bien no contamos con referencias que avalen dicha consideración– es posible inferir que en este periodo Friedrich Nietzsche tuvo la oportunidad de acercarse a la obra de Karl Marx, lo cual marcó su vehemente rechazo a la idea del socialismo.

En 1867 es movilizado a Sajonia donde comienza su servicio militar, sin embargo, a pocos meses de encontrarse en el regimiento de caballería de campaña sufre un accidente que le permite poner fin a su servicio militar y retornar a la vida civil y académica. Meses más tarde del año 1868, conoce a Richard Wagner[28] su más admirado compositor y su esposa Cósima Wagner también hija del compositor Liszt, de quien se enamora sin ser correspondido.

A sus 25 años Friedrich Nietzsche recibe la ayuda del filólogo clásico Ritschl en lo relativo a su ingreso como catedrático a la Universidad Helvética de Basilea, y ese mismo año recibe el grado de Doctor en base a los trabajos publicados en la revista *Rheinisches Museum*.

---

[27] Al descubrir *El mundo como voluntad y como representación* de Schopenahuer afirmaría: "No sé qué demonio me inspiró entonces: 'Lleva este libro a tu casa'. En todo caso es lo que hice, en contra de mi costumbre de no apresurarme a comprar libros. En casa me hundí con mi botín en el rincón del sofá, abandonándome a la influencia de este genio enérgico y sombrío. Aquí cada línea gritaba el renunciamiento, la negación, la resignación. Aquí miraba en un espejo que me mostraba, grandioso de horror, el mundo, la vida y mi propia alma. Aquí parecido al sol, el gran ojo del arte me dejaba quieto, desligado de todo. Aquí veía enfermedad y curación, exilio y refugio, infierno y cielo. Se apoderó de mí una violenta necesidad de conocerme, e incluso de disecarme. Las páginas de diario llenas de inquietud y de melancolía que escribí entonces son todavía testigo, con sus inútiles acusaciones contra mí mismo y las miradas desesperadas que elevaba hacia la santificación y la transmutación de todo el corazón humano. Citando todos los lados de mi carácter y todas mis aspiraciones ante el tribunal de un sombrío desprecio de mí mismo, acabé por hacerme amargo, injusto y desenfrenado en el odio que me tenía. E incluso no faltaron los tormentos físicos. Me forcé, por ejemplo, dos semanas seguidas a acostarme a las dos de la madrugada y a levantarme a las seis de la mañana. Se apoderó de mí una excitación nerviosa, y quien sabe qué grado de locura habría podido alcanzar si los atractivos de la vida, la vanidad y la obligación de los estudios regulares no hubiesen puesto un freno" (*Nietzsche en Delhomme*, 1981, p. 109-110).

[28] "He encontrado un hombre que me revela más que cualquier otro lo que Schopenhauer llama "el genio" y que está completamente penetrado de esta maravillosa filosofía tan profundamente sentida. No puede ser otro que Ricardo Wagner. No creas ninguno de los juicios hechos sobre él por los periodistas y los musicólogos. Nadie le conoce ni puede juzgarle, pues todo el mundo parte de principios diferentes de los suyos y no puede respirar a gusto en su atmósfera. En él reina una idealidad tan absoluta, una bondad tan profunda y tan conmovedora, una seriedad tan sublime, que a su lado creo estar cerca de lo divino. Cuántas jornadas he pasado con él en su delicioso campo a orillas de los Cuatro Cantones, y su maravilloso carácter desvela siempre aspectos nuevos e inagotables" (*Nietzsche en Delhomme*, 1981, p. 112).

En el año 1870 estalla la guerra franco-prusiana y Nietzsche debe incorporarse de nuevo a las filas del ejército en calidad de enfermero. Pero a consecuencia de una grave condición de salud (disentería y faringitis diptérica) aunado a sus frecuentes padecimientos (dolores de cabeza, ataques nerviosos, miopía) le es concedido el permiso por enfermedad.

Posteriormente e influenciado por Wagner publica entre los años 1872 y 1873 *El nacimiento de la tragedia* y *Consideraciones intempestivas*, trabajos que al no contribuir a la filología clásica recibirían fuertes críticas por parte de la comunidad académica; esta situación se haría manifiesta por la poca presencia de alumnos en su cátedra y las recomendaciones de renuncia por parte de algunos colegas.

En 1878 se distancia del matrimonio Wagner[29] y publica la primera parte de *Humano demasiado humano* el cual completa en 1879 con *Opiniones y sentencias diversas* y *El viajero y su sombra*. Ese mismo año su salud se deteriora considerablemente al punto que se ve obligado a abandonar el ejercicio docente en la Universidad de Basilea, la cual le otorga la jubilación forzosa y una pensión que apenas le permitiera mantenerse; teniendo que recurrir en los últimos años de su vida a la ayuda económica de algunos amigos conmovidos por su precaria situación.

Entre los años 1881 y 1882 publica *Aurora, Pensamientos sobre los prejuicios morales* y *La gaya ciencia*. También conoce en Roma a la escritora rusa Lou Salomé hacia la cual se sentiría atraído rápidamente; sin embargo, Salomé sólo estaría interesada en la obra de Friedrich Nietzsche, declinando su propuesta matrimonial.

Los años posteriores de la vida de Nietzsche se caracterizaron por un largo periodo de soledad y profundización de su obra. Entre 1883 y 1885 se dedicó fundamentalmente a la escritura y publicación en partes de *Así hablaba Zaratustra*; en 1886 publica *Más allá del bien y del mal*, y en 1887 *Para la genealogía de la moral*. Sería entonces el año 1888 decisivo en la vida de Friedrich Nietzsche pues:

> Va a cumplir cuarenta y cuatro años; éste constituye el último periodo de su existencia lúcida, antes de la crisis mental irreversible que se produciría nada más empezar 1889; y, como si presintiera lo que habría de sucederle, es también el momento más productivo de su vida. Entre marzo y agosto redacta *El caso Wagner*, acaba *Ditirambos de Dioniso*, y rehace los *Idilios de Messina*, escribiendo sin interrupción *El ocaso de los ídolos*. Acabado el verano y ya en Turín, adonde regresa tras copiosos aguaceros que provocan peligrosas inundaciones, da a luz también *El anticristo, Ecce homo*, y

---

[29] "¡Pobre Wagner! ¡Donde había caído! - ¡Si al menos hubiera caído entre puercos! ¡Pero entre alemanes!..." (Nietzsche, 2011, p. 102).

Nietzsche contra Wagner. Es su última obra. El 3 de enero de 1889 cae fulminado al suelo en una plaza de Turín, víctima, al parecer, de una parálisis cerebral progresiva de tipo esquizofrénico (López en Nietzsche, 2010, p. 5-6).

Los años subsiguientes, hasta su muerte el 25 de agosto de 1900, se caracterizarían por el empeoramiento de su condición de insania física y mental, alcanzado el punto en que Friedrich Nietzsche –quien durante su vida rechazase categóricamente la religión– se consideraría investido de un poder sobrenatural; como lo evidenciara la correspondencia enviada a los pocos amigos que mantuviese hasta el final de su vida y en las que firmara como "El crucificado".

Concepción de la mujer

A lo largo de los diferentes momentos de la obra de Friedrich Nietzsche su concepción sobre la mujer se transformó significativamente, oscilando entre el determinismo biológico, la vindicación y la misoginia; constituyéndose en gran medida sobre la base de su concepción antropofilosófica, es decir, de su concepción del ser humano.

La aproximación a su ontología nos permite inferir algunas de sus consideraciones sobre la mujer, pues Nietzsche distingue entre seres superiores e inferiores. Es decir, para el filósofo de la sospecha el ser humano se constituye desde la oposición, el antagonismo, la otredad, la diferencia y la jerarquía. Para el filósofo el ser no es uno, indivisible, por el contrario es un ser fragmentado, oscilante entre la moral de los señores y la moral de los esclavos, el bien y el mal, la voluntad y la decadencia, en definitiva, el hombre y la mujer.

Este hecho sería alertado por Bertrand Russell en su obra *Historia de la filosofía Occidental*, donde afirmase que Friedrich Nietzsche:

No se cansa nunca de menospreciar a las mujeres. En su obra seudo-profética *Así hablaba Zaratustra*, dice que las mujeres no son, todavía, capaces de amistad; son aún gatos, o pájaros o, a lo más, vacas. "Los hombres deben ser adiestrados para la guerra y las mujeres para el recreo de los guerreros. Toda otra cosa es tontería". El recreo del guerrero ha de ser de una forma peculiar si hemos de confiarnos en su enfático aforismo sobre este particular: "¿Vas con una mujer? No olvides el látigo". En *La voluntad de Poder* dice: "Nos complacemos en la mujer como quizá la más exquisita, delicada y etérea clase de criatura. ¡Qué gusto es encontrar criaturas que sólo tienen en la cabeza bailes, tonterías y finuras! Ellas han sido siempre la delicia de toda alma varonil tensa y profunda". (...) Su opinión de las mujeres, como la de todos los hombres, es una objetivación de su

> propia emoción respecto a ellas, que es claramente una sensación
> de temor. "No olvides tu látigo", pero de cada diez mujeres, nueve le
> hubieran arrebatado el látigo, y él lo sabía, por lo que se apartaba de
> ellas, curando su vanidad herida con observaciones desagradables
> (Russell, 1946, p. 758-761).

Sin embargo, no debe esto hacernos desviar nuestra atención del filósofo de la sospecha, pues este, contra todo pronóstico y contrario a su concepción antropofilosófica misma, nos sorprende con algunas consideraciones de carácter vindicativo presente en su obra que permitirán desmitificar las concepciones tradicionalmente mantenidas sobre Nietzsche en lo que refiere a su postura sobre la mujer, al mismo tiempo que favorece una relectura de su obra.

a) *Etapa determinista*

Las reflexiones que constituyen la primera etapa en lo que refiere a la concepción de la mujer en Friedrich Nietzsche aparecerían en 1880 específicamente en su obra *El viajero y su sombra*. En este texto intentaría dejar por sentado la condición de inferioridad otorgada por la naturaleza a la mujer, frente a la superioridad otorgada al hombre, hecho para el autor asumido como ahistórico, pancultural, e inmodificable al proceder dicha asignación de la naturaleza.

De acuerdo a ello, la mujer para Nietzsche aparece como un ser incompleto, inacabado, como ensayo imperfecto; mientras que el hombre –ser por excelencia– se presenta como ser completo, perfecto, acabado, como manifestación plena de la realización de la naturaleza.

> Por la mujer la naturaleza muestra lo que ha realizado hasta ahora
> en su trabajo respecto a la estatua humana; por el hombre, muestra
> lo que tenía que superar en este trabajo, pero también todo lo que se
> *propone* hacer aún con el ser humano. La mujer perfecta de todos los
> tiempos representa la ociosidad del creador, en el séptimo día de la
> cultura, el descanso del artista en su obra (Nietzsche, 1999, p. 112).

Desde esta perspectiva, el hombre es concebido como signo de la evolución de la especie, como civilización; la mujer como ser primitivo, barbarie, como estado primario de la naturaleza y en consecuencia de la cultura. Para el filósofo de la sospecha, en la mujer, al estar vinculada a la naturaleza en mayor medida que el hombre, al ser un ser humano primitivo y cuya constitución remite a un estado pre-civilizatorio, serán condición intrínseca las pasiones; las cuales direccionan su vida y su acción pasional e irracionalizada en el entramado socio-cultural.

Este ejercicio hermenéutico nos lleva a la comprensión de manera general del pensamiento de Nietzsche sobre la mujer, manifiesto en sus ensayos, aforismos y otros, desde el determinismo biológico. Una perspectiva en la cual se concibe que las diferencias existentes entre los individuos, en este caso específico diferencias entre los sexos hombre-mujer, justifican las desigualdades de género existentes en el entramado social; según el autor, por ser de carácter innatas y estar condicionadas por aspectos de carácter biológico y, por tanto, independientes e inmodificables a través de la acción social.

Ahora bien, esta concepción sobre la mujer expuesta por Nietzsche puede explicarse como producto de la época y el proceso histórico social vivido por el autor; período en el cual prevaleció una concepción biologicista de la realidad social, como instrumento ideológico operacionalizado desde el pensamiento científico al servicio de las clases e intereses dominantes, en pro del mantenimiento y preservación del *status quo* de la sociedad.

Además, pone en evidencia la marcada influencia recibida del filósofo Arthur Schopenhauer quien, como la gran mayoría de los pensadores de su época, desarrolló sus nociones y concepciones en lo que refiere a la mujer desde un biologicismo patriarcal, al afirmar que "las mujeres son el *sexus sequior* [el segundo sexo], inferior al masculino en *todo* respecto" (Schopenhauer, 2011, p. 36). Es decir, abordaría sus reflexiones desde una perspectiva en la cual se asume la inferioridad de la mujer respecto al hombre como condición innata, natural, y por tanto inmodificable al haber sido una condición otorgada por la biología a los individuos de acuerdo a su sexo.

Para Schopenhauer, esta inferioridad intrínseca de la mujer se haría manifiesta en su comportamiento y aspectos relacionales pues se caracterizan por ser pueriles, tontas y poco perspicaces. Permanecen toda su vida como niñas grandes, una suerte de estado intermedio entre el niño y el hombre adulto. Es por esta razón que para el autor el hecho de que "la naturaleza ha predestinado a la mujer para la obediencia es algo que queda de manifiesto por el hecho de que cada vez que alguna es colocada en un estado, antinatural para ella, de total independencia, muy pronto se une a un hombre, al que le permite que la guie y domine, pues necesita un amo" (Schopenhauer, 2011, p. 46), es decir, requiere permanentemente de un tutor.

De acuerdo a Schopenhauer, la dependencia y la sujeción son las situaciones sociales por excelencia de la mujer, la cual no solo necesita ser dominada sino que desea serlo, producto de la denominada por el filósofo "carencia de raciocinio y reflexión".

Pero para el filósofo, la debilidad de las mujeres para el entendimiento, así como, para comprender *principios* generales, atenerse a ellos y adoptarlos como pauta, se ve agravado por el hecho de que la naturaleza las obliga a depender más de la astucia que de la fuerza, precisamente por ser más débiles. Este hecho, según el filósofo, explica "su inclinación incorregible a mentir, (...) la falsedad, la deslealtad, la traición, la ingratitud" (Schopenhauer, 2011, p. 49), poniendo de manifiesto que "en cuanto a justicia, honradez y escrupulosidad, las mujeres son inferiores a los hombres" (Schopenhauer, 2011, p. 101-102). No obstante, esta afirmación se presenta como contradictoria, pues la sagacidad, la falsedad, la mentira y la traición descritas por el autor son conductas racionales que requieren un proceso de planificación para su eficiente desarrollo y ejecución.

Schopenhauer afirmaría que "la mujer no está destinada a grandes tareas espirituales o físicas" (Schopenhauer, 2011, p. 44). Para el autor, esta situación se pone de manifiesto por el hecho de que "ni siquiera las mentes más preclaras de todo el género femenino han alcanzado jamás un solo logro verdaderamente grande, genuino y original; (...) no han podido crear una sola obra de valor perdurable" (Schopenhauer, 2011, p. 98). El autor desde su interpretación contribuye a la invisibilización de la situación social de las mujeres al obviar el hecho de que a lo largo del proceso histórico social han sido sistemáticamente y repetidamente excluidas de los medios y espacios de producción, además de haber sido invisibilizada su producción.

Pese a ello, la ausencia o limitada producción de carácter intelectual, artístico y cultural de las mujeres, para Schopenhauer, no es más que la incapacidad de estas para desarrollarla, pues considera que:

> Las mujeres no tienen verdadero talento ni sensibilidad para la música, la poesía o las artes plásticas; cuando simulan poseerlo y se ufanan de ello, se trata de un mero remedo, surgido de su afán de agradar. O lo que es lo mismo: son incapaces de sentir un *interés puramente objetivo* hacia cosa alguna, y ello debido a lo siguiente, según creo: el hombre trata de lograr en todo un control *directo* sobre las cosas, ya sea comprendiéndolas o dominándolas. Pero la mujer tiene y ha tenido siempre que conformarse con ejercer un control meramente indirecto sobre las cosas, a saber, a través del hombre, que es lo único que ella puede dominar directamente. De ahí que su naturaleza la lleve a considerarlo todo como un simple medio para conquistar al hombre, y que su interés por cualquier otra cosa sea siempre fingido, un simple rodeo (o sea, en el fondo, mera coquetería y afán de remedar) (Schopenhauer, 2011, p. 36).

Además, afirmaría que esta aproximación de la mujer a la razón mediante las artes y el intelecto, entre otros, como medio de acercamiento y atractivo para ser elegida por el hombre que la dominase, es activamente promovido por los diferentes agentes de socialización, fundamentalmente por la familia, donde la madre juega un papel fundamental en la transmisión de los valores para la consecución de sus objetivos, es por ello que:

> A veces sucede que las madres obligan a sus hijas a estudiar bellas artes, lenguas y cosas por el estilo, para hacerlas más atractivas a ojos de los hombres; con ello se proponen ayudar al intelecto por medios artificiales, como lo hacen, si se da el caso, con las caderas o los pechos (Schopenhauer, 2011, p. 99).

Es decir, para Schopenhauer, la inteligencia, la intelectualidad y la capacidad de producción son, por naturaleza, masculinas. Por lo cual, cualquier intento de lo que él denomina emulación del pensamiento y práctica masculina es artificial y por tanto intrascendente y finita. Así mismo, atribuye como un proceso de imitación que las mujeres se inserten en el proceso de producción y racionalización de la realidad, obviando que esta no es de naturaleza masculina, por el contrario ha sido monopolizada a través de una multiplicidad de elementos ideológicos del sistema patriarcal como conducta innata de la masculinidad.

Estas nociones sobre las mujeres serían rescatadas posteriormente por Nietzsche, para quien la mujer se caracteriza por su exacerbada emocionalidad, siendo esta, la única forma mediante la cual la mujer participa del espacio público; "la compasión palabrera de las mujeres lleva el lecho del enfermo a la plaza pública" (Nietzsche, 1999, p. 114), es decir, mediante la divulgación de lo privado y la emoción inscrita en ello.

Ahora bien, de este modo para el filósofo de la sospecha, al ser predominante la condición de naturaleza en la mujer, su estado primitivo y pre civilizatorio, necesariamente habrá de carecer de la condición de la razón, –propia de los hombres– así como, encontrarse desprovista de las capacidades para la construcción de la cultura y la civilización, es por ello que de acuerdo a nuestro autor:

> Lo característico de la mujer es disgustarse por todas las verdades (en lo que concierne al hombre, al amor, al niño, a la sociedad, al objetivo de la vida), y tratar de vengarse de todos los que les abren los ojos (Nietzsche, 1999, p. 115).

Con ello, este primer momento del pensamiento nietzscheano sobre la mujer propone que ella, por su condición de naturaleza y en consecuencia pasional, es además vengativa, como mecanismo de defensa frente a la condición civilizatoria de la sociedad; es decir, frente a la razón, al no ser partícipe de ella. Desde esta perspectiva la mujer desconoce la verdad (cuya existencia Nietzsche niega vehementemente) y no puede acceder a ella pues su condición de naturaleza pre-civilizatoria y pasional se lo impide.

Es así como para Nietzsche:

> La fuerza intelectual de una mujer parece demostrada cuando, por amor a un hombre y su espíritu, sacrifica su propio espíritu, y cuando sobre este nuevo dominio, primitivamente extraño a la naturaleza, en que le impulsa la tendencia espiritual de su marido, le nace *inmediatamente un segundo espíritu* (Nietzsche, 1999, p. 112).

De acuerdo a esta premisa del pensamiento nietzscheano la mujer solo hará ejercicio de razón, es decir, se acercará a la civilización y a la cultura –que por la naturaleza le ha sido negada– mediante el sacrificio y la renuncia de sí. Sin embargo, dicha renuncia no es azarosa, estará estrechamente asociada a las concepciones de amor mantenidas y transmitidas a lo largo del proceso histórico social, en las que se promueve con ahínco la anulación de la mujer, de su autonomía y "ser para sí"; para convertirse en un "ser para otro", siempre hombre, y la efectiva internalización de sus concepciones de vida.

Estas nociones de amor socialmente diferenciadas y socializadas a hombres y mujeres las desarrollaría Nietzsche con mayor amplitud en *La gaya ciencia*, afirmando que:

> El hombre y la mujer entienden por amor, cada uno de ellos, algo diferente – y entre las condiciones del amor en ambos sexos se encuentra el que un sexo *no* presupone en el otro sexo el mismo sentimiento, el mismo concepto de "amor". Es bastante claro que una mujer entiende por amor: entrega total (no solo dedicación) con alma y cuerpo, sin ninguna consideración, ninguna reserva, más bien con vergüenza y horror ante el pensamiento de una entrega restringida, atada a condiciones. Precisamente en esta ausencia de condiciones su amor es una *creencia*: la mujer no tiene ninguna otra. Cuando el hombre ama a una mujer, *quiere* de ella precisamente ese amor, por consiguiente, con respecto a su propia persona esta lo más distante del supuesto del amor femenino; supuesto el caso, sin embargo, que hubiese también hombres para los que, por su parte, no les fuese extraño el anhelo de dedicación total, pues entonces, justamente ésos –no son hombres. El hombre que ama como una mujer, se convierte en esclavo; pero una mujer que ama como una mujer, se convierte en una mujer *más perfecta...* La pasión de la mujer, en su renuncia incondicionada a los propios derechos, tiene precisamente como supuesto que en la otra parte *no* exista un *pathos* [afección] semejante, una voluntad de renuncia semejante.

> La mujer quiere ser tomada, aceptada como una posesión, quiere
> absorberse en el concepto de "posesión", "poseída"; por consiguiente,
> quiere a alguien que *tome*, que no se entregue a sí mismo ni se aban-
> done; por el contrario, que más bien deba ser precisamente enriquecido
> en "sí mismo" —mediante el crecimiento de fuerzas, felicidad, creencia,
> que es la manera como la mujer se entrega a sí misma a él. La mujer
> se abandona, el hombre toma añadiendo (Nietzsche, 1999, p. 234).

Para Friedrich Nietzsche, es precisamente el sacrificio, y la renuncia de sí por parte de la mujer, el motor máximo capaz de despertar sentimientos de amor y las pasiones de un hombre hacia una mujer, pues:

> Cuando el hombre halla, en un ser, a la vez debilidad, la abnega-
> ción y la petulancia, sucede algo en él como si su alma quisiera
> desbordarse; se siente al mismo tiempo enternecido y ofendido.
> De este punto sensible es de donde brota la fuente del gran amor
> (Nietzsche, 1999, p. 115).

Desde esta perspectiva el amor enunciado y promovido por Nietzsche es un amor patriarcal, en el cual se pone de manifiesto la *voluntad de dominio* de los hombres sobre las mujeres. Sin embargo, para este, no bastará la entrega y la abnegación de la mujer para ser amada, pues afirmaría en *La gaya ciencia* que:

> siempre carecen de éxito aquellas pobres mujeres que en presencia de
> aquel que aman se vuelven intranquilas e inseguras y hablan dema-
> siado; pues los hombres son seducidos con mayor seguridad mediante
> una cierta secreta y flemática ternura (Nietzsche, 1999, p. 75).

Estas concepciones de amor estarán estrechamente ligadas a las concepciones de belleza desarrolladas por Nietzsche:

> Para llegar a ser bella una mujer no debe querer pasar por bonita;
> es decir que, en noventa y nueve de cada cien casos, en que podría
> agradar, debe desdeñar agradar y privarse de ello, para recoger una
> sola vez la admiración de aquel cuya alma es bastante grande para
> acoger lo que es grande (Nietzsche, 1999, p. 116).

Empero, aparecerá una notoria contradicción en lo que refiere a la razón femenina en la obra de Nietzsche, cuando afirma que:

> Si convenimos ante una mujer que ella tiene razón, esta no dejará de
> poner su pie triunfante sobre la nuca de aquel a quien ha sometido:
> es preciso que saboree su victoria hasta el fin; mientras que, de
> hombre a hombre, por lo general, en casos semejantes, se avergüenza

uno de tener razón. Y es que, en el hombre, la victoria es la regla, mientras que en la mujer es la excepción (Nietzsche, 1999, p. 116).

Pero si la condición natural e intrínseca de la mujer es primitiva, en ausencia de capacidades para la razón y la reflexión intelectual, ¿cómo es posible convenir que la mujer pueda tener razón en alguna situación o argumento manifiesto? De acuerdo a ello, ¿no se presenta como innecesaria la propuesta de Nietzsche en la cual promueve el no reconocimiento de la razón en la mujer a fin de evitar su auto-definición y concepción como victoriosa y en consecuencia acrecentar, mantener y prolongar el dominio masculino?

b) *Etapa vindicativa*

El segundo momento de la obra de Nietzsche en lo que refiere a la mujer se inicia en 1881, a pesar de haber transcurrido poco tiempo de la exposición de su concepción biologicista de la mujer. En los textos de este periodo sus consideraciones manifiestan un carácter abiertamente crítico al *status quo* al cual se encuentran sometidas las mujeres en la sociedad; pero, además de ello, su obra mostrará un carácter vindicativo de la situación social de la mujer. Concepción que puede adjudicarse a una profunda reflexión histórico-filosófica de la mujer y su papel dentro de la forma organizativa de su época.

Ahora bien, la segunda etapa del pensamiento nietzscheano se iniciaría en el texto *Aurora* escrito en 1881, a tan solo un año de la concepción fundamentada en el determinismo biológico de la mujer. Expondría, por el contrario, en esta nueva obra una concepción vindicativa de la mujer y la situación social que experimenta.

> Cuando el hombre le dio un sexo a todas las cosas, no creyó estar jugando, sino haber tenido una profunda revelación –la enorme dimensión de este error la ha admitido muy tarde y quizá no por completo hasta ahora. –Del mismo modo, el hombre ha adjudicado a todo lo que existe una relación con la moral, y ha colocado sobre los hombros del mundo un significado ético (Nietzsche, 2009, p. 20).

Dicha afirmación establecería el inicio de la ruptura por completo con el determinismo biológico desarrollado y argumentado por Nietzsche, dado que el sexo aparece ya no como un condicionamiento natural y exterior al sujeto, como un elemento intrínseco de los seres humanos, sino que por el contrario responde a una construcción social al ser el sexo "dado" desde afuera, es decir, asignado por el hombre.

Pero de acuerdo a esta premisa, el hombre no solo es quien otorga el sexo a los sujetos en la organización social, sino que además le ha adjudicado una condición moral y ética a ese sexo previamente determinado. Las actitudes, acciones, nociones e interpretaciones, asumidas y manifiestas por hombres y mujeres en el entramado socio-cultural, no provienen –como Nietzsche afirmaría previamente– de la obra de la naturaleza, sino de la intervención social del hombre, la introducción de una serie de pautas en la conformación de la cultura y su posterior institucionalización, difusión y reproducción a lo largo del proceso histórico social.

Además de ello, Friedrich Nietzsche en su texto *Aurora*, propondría sobre la moral que:

> Todo aquel que se entrega a ella por completo y de todo corazón y desde el principio se atrofian los órganos –físicos y psíquicos– de la agresión y de la defensa: eso significa ¡que cada vez es más bello! Porque el ejercicio de esos órganos y de la mentalidad correspondiente mantiene feo y hace cada vez más feo a su propietario. El viejo babuino es por eso más feo que el joven, y la hembra joven de babuino más parecida al ser humano: es decir más bella. –¡Según esto sáquese una conclusión sobre el origen de la belleza en las mujeres! (Nietzsche, 2009, p. 37).

Con esta argumentación se pondría de manifiesto la inconsistencia del determinismo biológico antes expuesto por el filósofo de la sospecha, en el cual se afirmaba la incapacidad de razón de la mujer por su condición de naturaleza. En este texto, la ausencia de capacidad de razón de la mujer carece de sentido, siendo en todo caso, al existir, producto del proceso de ideologización y penetración de la moral en las mujeres, una moral desvinculada de la razón. La moralización de las mujeres es lo que las ha alejado de la razón.

Pero, para el Nietzsche de esta segunda etapa del pensamiento sobre la mujer, no es solo mediante la ideologización ejercida por la moral que se ha desprovisto a la mujer de la razón, sino también por la degeneración de carácter fisiológica y psíquica sufrida por la no puesta en práctica de esta razón sancionada por la moral; adjudicando además a la moral el origen de la belleza de las mujeres, haciendo también de este modo ruptura con el mito del "bello sexo".

Si bien para Nietzsche, la belleza femenina se presenta como una limitante para el desarrollo intelectual y racional de la mujer por sus cualidades banalizadoras, no será un impedimento para el ejercicio de la razón: "esta mujer es bella y sabia; ¡Ay, cuanto más sabiduría hubiera alcanzado si no fuera bella!" (Nietzsche, 2009, p. 235).

Esta segunda concepción nietzscheana sobre la mujer, trastocaría totalmente su concepción sobre la mujer mantenida y desarrollada en su texto *El viajero y su sombra*. Ya no niega a la mujer su capacidad de razón, por el contrario, reconoce su capacidad de razón y la inteligencia, admitiendo que las limitaciones al desarrollo de esta son de carácter social.

> ¡Cuidado con todos los espíritus que llevan cadenas! Por ejemplo, con las mujeres inteligentes que el destino ha confinado en un entorno pequeño y sórdido, y que envejecen en él. Aparentemente sestean al sol, amodorradas y medio ciegas; pero a cualquier paso extraño se alzan para morder; se vengan de todo lo que ha logrado escapar de su choza de perro (Nietzsche, 2009, p. 212).

No obstante, para Nietzsche estas limitaciones impuestas a las mujeres inteligentes a quienes se les ha sometido y confinado habrán de generar una *voluntad de venganza* en las mujeres, como consecuencia de su imposibilidad de acceder a aquello que les ha sido históricamente negado.

De acuerdo a ello, es posible inferir que para el autor la venganza no es una condición innata de la mujer como expresión de su naturaleza pasional y primitiva, como fuese antes expuesto y apoyado sobre las tesis de Arthur Schopenhauer; por el contrario se constituye como una respuesta frente a una forma de organización social represiva y condicionante de su ser y su hacer social.

Pero en esta etapa del pensamiento nietzscheano no solo se transformarían las concepciones de la mujer respecto a su capacidad racional, sino que también se vería modificada su concepción del amor. En este periodo, para Nietzsche, las mujeres no son por naturaleza débiles y proclives a la renuncia y la entrega, será una actitud, un estado emocional, reconociendo inclusive orgullo y *voluntad de poder* en la mujer enamorada.

> Son las mujeres las que empalidecen al imaginar que su amado no es digno de ellas; son los hombres los que empalidecen al imaginar que no son dignos de sus amadas. Hablamos aquí de mujeres y de hombres de una pieza. El hombre así, *por lo general* hombres de la confianza y del sentimiento de poder, tienen en el estado del apasionamiento su timidez, y sus dudas sobre sí mismos; mujeres así suelen sentirse siempre como las débiles, las dispuestas a la entrega, en la suprema *excepción* de la pasión; sin embargo, tienen su orgullo y su sentimiento del poder, –que pregunta: ¿Quién es digno de mí? (Nietzsche, 2009, p. 277-278).

Por su parte *Aurora* se constituye como el texto de Nietzsche que daría inicio a un pensamiento vindicativo en lo que a la mujer se refiere, a pesar de que haría énfasis en la necesidad de mantener distancia de las mujeres por sus cualidades hechizadoras: "el hechizo y el más poderoso efecto de las mujeres es, para hablar el lenguaje de los filósofos, una acción a distancia, una *actio in distans* [acción a distancia]: pero a eso le corresponde, en primer lugar y ante todo –¡distancia!" (Nietzsche, 2009, p. 70).

Reconocería Nietzsche no solo la capacidad de razón y el condicionamiento social al que ha estado expuesta la mujer, sino que además haría una fuerte crítica al pensamiento misógino de su época en el cual se niega, contrapone y descalifica a su igual: "¡La mujer es nuestro enemigo!" –El que como hombre habla así a otros hombres, por su boca solo habla el instinto, que no solo se odia a sí mismo sino también odia sus medios" (Nietzsche, 2009, p. 259).

Sobre esta concepción de la mujer se mantendría Friedrich Nietzsche en su obra *La gaya ciencia* escrita en 1882. En este texto nuevamente visibilizaría la situación de las mujeres, la cual muy bien ilustra con un breve relato:

> Alguien llevó a un joven a un hombre sabio y le dijo: "¡Mira, éste es uno que fue corrompido por las mujeres!". El hombre sabio meneó la cabeza y sonrió. "Los hombres son", dijo "quienes corrompen a las mujeres y todo lo que falta a las mujeres debe ser pagado por los hombres y mejorado en ellos –pues el hombre se crea una imagen de la mujer, y la mujer se forma de acuerdo a esta imagen (Nietzsche, 1999, p. 72).

A partir de ello, es posible reconocer nuevamente la concepción nietzscheana en la cual la situación de las mujeres en la sociedad es un producto social y no un condicionamiento biológico. Nietzsche responsabiliza al hombre por el ser y el hacer de la mujer pues este ha creado y construido una imagen, un ideal de la mujer la cual además es internalizada, asumida y reproducida por esta. De acuerdo a ello, la mujer no se ha creado una imagen de sí misma, la mujer desde el pensamiento nietzscheano es entonces una representación de la imagen creada por el hombre, es decir, un producto patriarcal.

Además, demandaría la necesidad de mejorar la educación dada a las mujeres, pero también aquella dada a los hombres, convoca a los hombres a participar en dicho proceso de transformación, sin embargo, encuentra resistencia: " '¡Hay que educar mejor a las mujeres!' –'Hay que educar mejor a los hombres', dijo el sabio, e hizo seña al joven para que lo siguiese. –Pero el joven no lo siguió" (Nietzsche, 1999, p. 72).

Pero en Nietzsche es precisamente en esta educación dada a las mujeres donde se fundamenta la génesis de las conductas y actitudes consideradas como propias y características de las mujeres como la debilidad, la ignorancia, la superficialidad; las cuales para el autor no son más que un mecanismo de resistencia frente a un sistema opresor o lo que él llamaría "el derecho del más fuerte".

> Todas las mujeres son hábiles en exagerar sus debilidades, son ingeniosas en debilidades, para aparecer por entero como frágiles adornos a los que incluso una brizna de polvo hace daño; su existencia debe sensibilizar al hombre acerca de su rudeza y hacerlo sentirse culpable de ella. Así se defienden contra los fuertes y contra todo "derecho del más fuerte". (…) Las mujeres jóvenes se esfuerzan bastante por parecer superficiales e irreflexivas; las más sagaces entre ellas simulan una especie de audacia (Nietzsche, 1999, p. 71-74).

No obstante, se muestra optimista a pesar de la opinión común y colectiva en lo que refiere a la situación de la mujer, reconociendo la existencia de mujeres capaces de ejercer resistencia a la dominación masculina.

> Una profunda y poderosa voz de contralto, como se le escucha en el teatro en algunas ocasiones, nos levanta repentinamente la cortina ante posibilidades en las que habitualmente no creemos: de pronto creemos que en algún lugar del mundo debe haber mujeres con un alma elevada, heroica, real, capaces y dispuestas a grandiosas confrontaciones, resoluciones y sacrificios, capaces y dispuestas a ejercer un señorío sobre los hombres (Nietzsche, 1999, p. 73).

Pero a Friedrich Nietzsche en *La gaya ciencia* no le bastaría con hacer referencia y crítica a estos asuntos, tocaría aspectos como la sexualidad femenina y la maternidad, los cuales pueden identificarse como significativamente polémicos para su momento histórico.

> Hay algo totalmente sorprendente y terrible en la educación de las mujeres distinguidas; sí, tal vez no hay nada más paradojal. Todo el mundo está de acuerdo en educarlas *in erotics* [en asuntos eróticos] lo más ignorantes que sea posible, y de proporcionar a su alma una profunda vergüenza ante algo semejante, y la más extrema impaciencia y fuga frente a una insinuación sobre este asunto. En lo fundamental, sólo aquí está en juego todo el "honor" de la mujer: ¡cuánto se le perdona fuera de esto! Pero a este respecto, deben permanecer en la ignorancia hasta en lo más profundo de su corazón —no deben tener ni ojos ni oídos ni palabras ni pensamientos para esto que en ellas es "maligno": sí ese saber ya es aquí maligno. ¡Y bien! Cual un espantoso rayo son arrojadas mediante el matrimonio a la realidad y al saber (Nietzsche, 1999, p. 74).

Mediante estas afirmaciones, juzga la educación sexual dada a las mujeres, la represión del conocimiento y práctica de estos asuntos, bajo el argumento del honor de la mujer. Para Nietzsche esta sanción y represión de la sexualidad femenina se constituye como un acto de violencia, pues imposibilita su conocimiento progresivo, generándose por el contrario el conocimiento de la sexualidad a partir de la institucionalización de la relación en el matrimonio. La sexualidad de las mujeres es moralizada y su iniciación solo es posible mediante el acto "moral" y "honorable" del matrimonio.

Aunada a esta sexualidad represiva, la maternidad para Nietzsche se ha convertido en otro de los elementos de mayor fuerza constrictiva sobre la mujer "el embarazo ha vuelto más suave a las mujeres, más pacientes, temerosas, más dispuestas a someterse" (Nietzsche, 1999, p. 75).

Así bien, sería por estas argumentaciones que la obra *La gaya ciencia* se presenta como una de las obras más vindicativas de la situación de las mujeres en el pensamiento nietzscheano; no obstante, esta concepción positiva de la mujer parece coincidir con un episodio de la vida de Nietzsche, pues meses antes de la publicación de *La gaya ciencia* Nietzsche conocería en Roma a la joven rusa Lou von Salomé.

Tanto Nietzsche como –para aquel entonces– su amigo el psicólogo Paul Rée se enamorarían perdidamente de Lou. Nietzsche se sentiría atraído por esa inteligente mujer muy identificada con su pensamiento, pero –según los testimonios– nada más, ya que rechazó la propuesta matrimonial del filósofo. Sería esta la tercera y última propuesta matrimonial fracasada, la más devastadora. Aunado a ello, es necesario visibilizar que las relaciones de Nietzsche durante su vida con las mujeres se caracterizaron por el conflicto, la decepción, la desconfianza y el rechazo; fundamentalmente la inestable y emotiva relación mantenida con su madre y su hermana, que años más tarde haría explícita en su obra *Ecce homo*.

Esta fatídica relación mantenida por Friedrich Nietzsche con las mujeres que formaron parte de su vida, y que se agravó con el pasar de los años, sin duda alguna marcaría significativamente las concepciones de la mujer hasta el momento mantenidas por el autor. Así bien, durante los años siguientes al desengaño amoroso con Lou Salomé –reconocido como uno de los episodios más dramáticos en la vida de Nietzsche– el autor se cuidaría lo suficiente de emitir juicios sobre las mujeres y su situación socio-cultural en sus escritos.

No obstante, estos hechos en su conjunto crearían las condiciones para el tránsito de Nietzsche a la que hemos denominado su última concepción sobre la mujer o la tercera etapa de su pensamiento sobre la mujer.

c) *La etapa misógina o pasional*

Finalmente, a partir de 1886, Nietzsche desarrollaría en sus obras su tercera y última concepción sobre la mujer, la cual mantendría hasta el final de su vida en sus escritos. Esta concepción expuesta, se caracterizó por una abierta animadversión hacia las mujeres, mostraría un explícito carácter misógino, prejuiciado, emocional e irreflexivo de la argumentación sobre la mujer emitida, hecho que le mereció, a lo largo de la línea histórico-social del pensamiento filosófico, la atribución de misógina tanto a su obra como a su persona.

No obstante, esta última etapa del pensamiento nietzscheano sobre la mujer es posible asociarla a la experiencia personal durante estos últimos años con las mujeres que formaron parte de su vida, y cuya relación se presentó como conflictiva, frustrante y pasional.

No sería hasta 1886 con su obra *Más allá del bien y del mal* donde otra concepción sobre la mujer, distinta hasta el momento mantenida, se haría manifiesta en la obra de Nietzsche.

Es posible inferir, además, que el anuncio de compromiso de Lou Salomé y su posterior matrimonio en 1887 con el Doctor Carl Friedrich Andreas se convirtiera en el detonante de esta nueva línea de pensamiento, en la cual Nietzsche se atribuye el conocimiento del *Eterno femenino*: "¿Me es lícito atreverme a expresar de paso la sospecha de que yo *conozco* a las mujercitas? Esto forma parte de mi dote dionisiaca. ¿Quién sabe? Tal vez sea yo el psicólogo de lo eterno femenino" (Nietzsche, 1999, p. 81-83).

A partir de este momento es posible identificar un notorio giro de carácter sexista, misógino y pasional en las reflexiones sobre la mujer emitidas, siendo esta concepción nietzscheana sobre la mujer la más difundida a lo largo de la historia de la filosofía.

En este contexto, Nietzsche enunciaría sus reflexiones sobre la mujer desde un carácter emocional, entre ellos sus nociones del amor en su obra *Más allá del bien y del mal*; donde la conquista para las mujeres es representada por el filósofo como un simple hecho de distracción, afirmando al respecto en sus *siete pequeños aforismos sobre las mujeres* que: "El aburrimiento desaparece en el momento en que un hombre permanece de rodillas ante vosotras" (Nietzsche, 1999, p. 174). Así mismo, haría énfasis en la necesidad de la mujer de vincularse afectivamente a fin de acceder a los privilegios otorgados por el apellido de un hombre aristócrata "¡Que felicidad si fueran míos un apellido noble, una pierna bien hecha y un hombre!" (ídem).

Es entonces, por estas características propias y conducta mostrada por la mujer, que para Nietzsche hay en ella "algo pedante, superficial, primario, cosas todas que hasta hoy solo han sido dominadas y reprimidas por temor al hombre" (Nietzsche, 1999, p. 171-172). Por esta razón, justifica la situación social a la que se encuentran sujetas considerando la necesidad de la represión de la mujer:

> Las mujeres han merecido de los hombres el trato de avecillas extraviadas, caídas de desconocidos cielos, pero más delicadas, más salvajes, más extrañas, más dulces y más llenas de gracia que los hombres; pero también, sin embargo, como algo que hay que meter en una jaula para impedirles que vuelen (Nietzsche, 1999, p. 175).

Pese a ello, la mujer para Nietzsche se ha olvidado de temer al hombre "y la mujer que se olvida de temer renuncia a sus instintos más femeninos" (Nietzsche, 1999, p. 176-179). Es de acuerdo a ello que arremete con ahínco contra el emergente movimiento feminista y las por el llamadas *pretensiones de independencia.*

Para esta tercera y última etapa del pensamiento nietzscheano sobre la mujer, el movimiento feminista emergente solo "alimenta su histerismo haciéndolas cada vez menos aptas para seguir su primera y última vocación, que es traer hijos al mundo" (Nietzsche, 1999, p. 176-179).

Además, criticaría vehementemente la participación y apoyo de los hombres en el movimiento feminista y las ideas vindicativas propagadas por este, el cual según Nietzsche, ha creado las condiciones para la desfeminización y progresiva masculinización de la mujer:

> Entre los asnos sabios del sexo masculino, hay bastantes estúpidos amigos de las mujeres o de corruptores de mujeres para aconsejarles que renuncien a toda feminidad y que imiten las estupideces de que padece 'la virilidad europea'; son imbéciles que desearían rebajar a la mujer al nivel de la cultura general, quizá incluso hasta obligarla a leer periódicos e intervenir en política (Nietzsche, 1999, p. 176-179).

Es así como para el pensamiento nietzscheano el proceso de emancipación de la mujer y la lucha por la equidad representa la decadencia de la cultura, el afeamiento y debilitamiento de la sociedad, es decir, su feminización.

> Desde la Revolución francesa la influencia de la mujer ha disminuido en Europa en la medida en que sus derechos y sus pretensiones han aumentado, y la emancipación de la mujer se revela como un curioso síntoma de debilitamiento, de esterilización gradual de los instintos femeninos primordiales (Nietzsche, 1999, p. 176-179).

Desde esta perspectiva, para Nietzsche, la mujer cree elevarse en su condición social con la emancipación, superar su estado de primitivismo e incivilización; no obstante, para el filósofo este proceso más que mejorar la situación social de la mujer ha contribuido a la pérdida de su influencia en la sociedad, así como, al declive de sus instintos femeninos. Para el autor, la mujer emancipada deja de ser mujer y se "viriliza", es decir se masculiniza, afirmando que:

> Entra en este movimiento de liberación la *necedad*, una necedad casi viril de la cual toda mujer bien constituida e inteligente debería avergonzarse de perder el olfato que nos indica cuál terreno es el más apropiado para conseguir la victoria; desdeñar el ejercicio de la estigma en que ha llegado a ser maestra; entregarse, en presencia del hombre, quizá hasta a escribir un libro, en lugar de observar, como en otros tiempos, unos modales decentes y una humildad astuta y socarrona (Nietzsche, 1999, p. 176-179).

La mujer de acuerdo a Nietzsche no busca la verdad, ni el conocimiento (el cual considera inexistente y su presunción de existencia fundamentada en una construcción discursiva) ya que no hay nada más contrario a su naturaleza. "Su gran preocupación es la apariencia y la belleza. Es ese precisamente su talento y lo que a los hombres les gusta en la mujer" (Nietzsche, 1999, p. 171-172).

Pero, además, afirma Nietzsche: "la mujer ha dejado de temer al hombre y ahora busca ser temida, no busca la igualdad, por el contrario, persigue el dominio, quiere hacerse temer, quizá hacerse obedecer" (ídem). Para el filósofo de la sospecha, partiendo de su concepción antropofilosófica, las ideas de vindicación en la mujer la han transformado y orientado a aumentar las fuerzas propias, autoafirmarse, a dar libertad de acción a su fuerza, a su potencial. Pero, pese a la negación de Nietzsche, la mujer ha logrado conciliar en sí el instinto dionisiaco y apolíneo, es decir, se ha convertido en el nuevo ser humano.

No obstante, estas pretensiones emancipadoras de la mujer no son azarosas, por el contrario, son consideradas en esta etapa sexista del pensamiento nietzscheano como consecuencia del desarrollo ulterior de la sociedad industrial y la forma organizativa asociada a dicho modelo:

> Cuando el espíritu industrial impera sobre el espíritu militar y aristocrático, la mujer aspira a la independencia económica y jurídica de un oficinista: la mujer oficinista nos espera a las puertas de la sociedad en formación. Mientras se va apoderando así de nuevos derechos, mientras se esfuerza por ser el dueño inscribe en sus banderas estas palabras: *progreso de la mujer*, y el resultado verdadero es que la mujer retrocede (Nietzsche, 1999, p. 176-179).

Sin embargo, a pesar del curso que, parece, tomaría la sociedad industrial, Nietzsche considera como:

> Un signo inconfundible de estrechez de espíritu, equivocarse respecto al problema fundamental del hombre y de la mujer, es decir, negar el abismo que los separa y la necesidad de un antagonismo, soñar que puedan tener igualdad de derechos, una educación idéntica, las mismas pretensiones y los mismos deberes (Nietzsche, 1999, p. 176).

Ante ello, propone emular las concepciones de la mujer mantenidas en la sociedad oriental y calcar su forma organizativa; para ello afirma que se debe "considerar a la mujer como una propiedad, como un bien que hay que guardar con llave, como un ser hecho para la domesticidad" (Nietzsche, 1999, p. 176).

En *Ecce homo* profundizaría dicha concepción sobre la mujer, afirmando que las mujeres que persiguen la equidad no son más que "mujercitas *lisiadas*, las 'emancipadas', a quienes les falta la herramienta para tener hijos" (Nietzsche, 2011, p. 81-83). El filósofo de la sospecha intenta descalificar y desestimar el progresivo proceso de emancipación femenina y desarrollo de la voluntad de poder de las mujeres partiendo de criterios biológicos previamente desestimados en su obra.

> [La emancipación de la mujer] Representa el odio de la mujer *mal constituida*, es decir, incapaz de procrear contra la mujer bien constituida; – la lucha contra el "varón" no es nunca más que un medio, un pretexto, una táctica. Al elevarse a *sí misma* como "mujer en sí", como "mujer superior", como "mujer idealista", quiere *rebajar* el nivel general de la mujer, ningún medio más seguro para esto que estudiar bachillerato, llevar pantalones y tener los derechos políticos del animal electoral (Nietzsche, 2011, p. 81-83).

Esta mujer masculinizada, para Nietzsche en su texto *El ocaso de los ídolos*, es una mujer "descontenta, excitada, que tiene el corazón y, las entrañas vacías, que, con dolorosa curiosidad, está constantemente escuchando el mandato que desde lo más profundo de su organismo susurra" (Nietzsche, 2005, p. 119).

Por esta razón, y junto con la propuesta de cosificación y capitalización de la mujer desde una noción de propiedad, Nietzsche concluye su concepción de la mujer desarrollada en su tercera y última etapa del pensamiento sobre el *"eterno femenino"*, planteando la maternidad como la forma más eficiente de garantizar el "retorno" de la mujer a la feminidad: "¿Se ha oído mi respuesta a la pregunta sobre cómo se *cura* a una mujer, sobre cómo se la 'redime'? Se le hace un hijo" (Nietzsche,

2005, p. 81-83). El filósofo de la sospecha propone la biologización y sexualización, el retorno a la naturaleza, al primitivismo.

A modo de síntesis

La obra de Friedrich Nietzsche, catalogada por el mismo autor como "inmoralista" y como filosofía de la sospecha por parte de Paul Ricoeur, estaría significativamente influenciada por Arthur Schopenhauer y Sören Kierkegaard; hecho puesto en evidencia con el privilegio otorgado por Nietzsche al individuo con respecto a la sociedad.

Es sobre la base de dicha ontología que el autor desarrollaría su filosofía de la otredad y la diferencia, haciendo hincapié en la calificación de seres humanos superiores e inferiores, débiles y fuertes, con moral de señores y moral de ciervos, de instinto dionisiaco o apolíneo, siendo a partir de esta categorización que desarrollase sus concepciones sobre la mujer.

Tres concepciones antagónicas e irreconciliables sobre la mujer halladas en la obra de Nietzsche. La primera de estas concepciones la hemos denominado la etapa determinista, título atribuido por la fuerte carga biologicista y patriarcal otorgada por el filósofo a sus consideraciones sobre la mujer a la cual caracterizó como un ser inferior, débil, incompleta, inacabada, primitiva, pasional, irracional y moral. Condición desde su perspectiva inmodificable al haber sido concedida por la naturaleza, manifiesta en la carencia de razón y la incapacidad de las mujeres para la construcción de cultura y civilización a la cual además –según este– se opone por no ser partícipe de ella.

La segunda concepción sobre la mujer expuesta por Nietzsche es la que hemos denominado etapa vindicativa en la cual, pese a anteriormente destacar el carácter biológico y por tanto intrínseco de la inferioridad femenina, el autor haría ruptura con su concepción antecesora para manifestar de manera abierta una vehemente crítica al *status quo* al que se encuentran sujetas las mujeres en la sociedad.

En esta etapa del pensamiento nietzscheano sobre la mujer, las diferencias entre los sexos no se encuentran condicionadas por la biología, por el contrario responden a una construcción social, moral y ética del ser humano. Para Nietzsche en esta etapa, la denominada ausencia de razón femenina es producto del proceso de ideologización y moralización de la sociedad, la cual ha impelido el pleno desarrollo y ha degenerado las capacidades físicas y psicológicas de la mujer.

Ahora bien, posterior a esta segunda etapa del pensamiento nietzscheano sobre la mujer, se haría presente una de las más grandes contradicciones de la obra del autor, al orientarse hacia una perspectiva pasional y misógina. Esta perspectiva se constituiría como la concepción sobre la mujer del filósofo de la sospecha más extendida y referenciada en el pensamiento de la filosofía.

En esta última etapa del pensamiento sobre la mujer y de su obra en general, el autor se caracterizaría por atacar de manera irracional, violenta y prejuiciada a la mujer, justificando y promoviendo su represión social, al mismo tiempo que criticando y descalificando los intentos de emancipación femenina manifiestos en el emergente movimiento feminista, al que consideró como una de las causas del debilitamiento de la sociedad y de la masculinización de la mujer.

Concepciones nietzscheanas sobre la mujer antagónicas e irreconciliables, cada una de las cuales ha servido para fundamentar y justificar aún en la actualidad diversas perspectivas y campos de problema sobre la mujer en las ciencias sociales.

Capítulo 3. La feminidad genitalizada según Sigmund Freud

Introducción

La propuesta teórica de Sigmund Freud, que dio paso a la conformación del psicoanálisis *"curación por el habla"*, marcó una ruptura con el pensamiento tradicionalmente concebido en torno a la mente humana.

> La psicología de Freud (…) se centraba en las mentes anormales y pretendía desenmascarar la conciencia, incluso la conciencia normal, mostrándola como una marioneta a merced de una serie de impulsos primarios y repulsivos que no nos atreveríamos a reconocer. En lugar de realizar experimentos, Freud estudió la mente mediante la exploración clínica, buscando los orígenes ocultos de la conducta humana en el inconsciente, en los residuos primitivos de la infancia y de la evolución que él aseguraba encontrar en los síntomas de sus pacientes, en sus sueños y en las conversaciones terapéuticas que mantenía con ellos (Leahey, 2005, p. 246).

Sería la influencia de la formación médica de Freud lo que consolidó el enfoque fisiológico de su psicología, manifiesto en el método de exploración clínica, razón por la cual consideró la sexualidad como causa y fin de todos los trastornos y patologías.

> Freud terminó considerando el sexo como el principal motivo en la vida del ser humano. El sexo proporcionaba una base orgánica a las neurosis y una base biológica universal para su psicología teórica. (…) [Además] afirmar la existencia de sentimientos sexuales en la infancia era esencial en la estrategia psicoanalítica para explicar la conducta humana. Sin impulsos sexuales infantiles no habría *complejo de Edipo*, cuya feliz o desdichada resolución era determinante de la posterior normalidad o neurosis. La sexualidad infantil y el

> complejo de Edipo desempeñaban también una función esencial en
> la idea misma de la psicología profunda. Freud localizaba las causas
> de la neurosis –y, por lo tanto, de la felicidad– íntegramente en la
> mente de sus pacientes. Según él, la causa última de los problemas
> de sus pacientes no se encontraba en su situación personal, sino en
> los sentimientos que habían tenido durante la infancia. Por consi-
> guiente, la terapia consistía en ajustar la vida interior del paciente,
> no en cambiar las circunstancias en las que vivía. La buena salud
> del paciente dependía de que éste resolviera las dificultades que
> había tenido a la edad de cinco años, no las dificultades a las que
> se enfrentaba en ese momento (Leahey, 2005, p. 251, 258).

Estos hechos en su conjunto crearon las condiciones para que su teoría fuese fuertemente rechazada en la comunidad académica-científica y considerada como polémica en los distintos ámbitos de la vida social del periodo victoriano, razón por la cual el psicoanálisis desde sus inicios se debatió entre la ovación y el desdén.

Pese a ello, la teoría psicoanalítica de Sigmund Freud trascendió la dimensión de la psicología y estableció el punto de partida de una psicología social para intentar explicar, a partir del inconsciente, diversos procesos sociales e interactivos. Por ello, sería considerado uno de los autores de mayor influencia en la historia de las ideas del pensamiento occidental, y le valdría la consideración de Paul Ricoeur como filósofo de la sospecha junto a sus antecesores Karl Marx y Friedrich Nietzsche.

Es en este contexto que surgen las teorías sobre la mujer propuestas por Sigmund Freud, fundamentalmente abordadas, concebidas y significativamente influenciadas por el determinismo de Charles Darwin y las consideraciones de carácter biologicista anteriormente expuestas de Friedrich Nietzsche.

En su teoría sobre la feminidad se asumió y transmitió la idea de una reconocida diferencia en la psique de hombres y mujeres; consideraciones que ganaron la valoración y calificación de la obra freudiana como misógina y sexista, pero también como instrumento teórico orientado a la legitimación y mantenimiento del pensamiento patriarcal.

Empero, ¿por qué es importante el estudio de la concepción de la mujer en Sigmund Freud? ¿Cuál es su importancia para las ciencias sociales? Si bien estos asuntos quedarán en evidencia durante el análisis de la concepción de la mujer presente en las obras de Sigmund Freud, *grosso modo* es posible afirmar que sus consideraciones se presentan como fundamentales al haber legitimado desde una perspectiva científica la desigualdad social entre hombres y mujeres sobre la base de premisas de carácter biológico, patologizando a estas últimas, y gozando aún en la actualidad con gran aceptación y vigencia en la comunidad académica. Además de ello, su abordaje se presenta como imperativo al ser el filósofo de la sospecha de entre los anteriormente expuestos cuyas teorías se constituyeron como el punto de arranque y deconstrucción del pensamiento sexual hegemónico por parte del feminismo y los estudios de género.

Vida y obra

Sigmund Freud nace el 6 de mayo de 1856 en la ciudad de Moravia, República Checa (para ese momento Imperio austriaco) en el seno de una familia judía y en la que sería el mayor de cinco hermanas y un hermano. Sus padres, de gran influencia en su vida, fueron Jakob Freud[30], un pequeño comerciante, y su madre Amalia Freud[31].

Pero pese a su padre ser un pequeño comerciante "los Freud eran bastante pobres; cuando nació Sigmund vivían en una habitación alquilada en una casa modesta" (Tubert, 2000, p. 17), y en 1859, debido al derrumbe económico, la familia Freud se vio obligada a emigrar a Viena.

En 1873, a sus 17 años, Sigmund ingresa a la Universidad de Viena como estudiante de medicina, donde asistió al profesor E. Brücke y conoció a Joseph Breuer, graduándose en 1881. Sin embargo, en ocasiones Freud llego a afirmar que le hubiese gustado dedicarse a la política o a comprender los problemas de la cultura y la sociedad.[32]

---

[30] El padre de Sigmund Freud muere en 1896 y se refiere a este episodio de su vida en una carta dirigida a Wilhelm Fliess, en la cual es posible evidenciar la marcada influencia recibida de su padre: "A través de esas oscuras rutas que corren tras la conciencia 'oficial', la muerte del viejo me ha afectado profundamente; influyó a menudo en mi vida con esa peculiar mezcla suya de profunda sabiduría y fantástica ligereza de ánimo. Cuando murió, hacía mucho tiempo que su vida había concluido, pero ante su muerte todo el pasado volvió a despertarse en mi intimidad" (Tubert, 2000, p. 31).

[31] En Freud, a diferencia de los otros filósofos de la sospecha anteriormente abordados en esta investigación, se rescata un estrecho vínculo con su madre en una carta escrita a razón de su muerte, donde expresase: "Todavía pervive en mi memoria ese niño feliz, hijo predilecto de una madre joven, que en ese lugar, entre esos montes y esos valles, recibió las primeras impresiones indelebles de su existencia" (Jiménez & Hernández, 20003, sp). Además de ello Freud afirmó que: "De su madre le venía, según el mismo decía, su 'sentimentalismo'. Este término, especialmente ambiguo en alemán, debe tomarse probablemente en el sentido de denotar su vivo temperamento, con las apasionadas emociones de que era capaz. En cuanto a su inteligencia, era simplemente suya" (Jones, 1981, p. 28).

[32] Este temprano interés del filósofo de la sospecha por el determinismo biológico nos permite establecer una relación con la perspectiva biologicista presente en sus obras y posteriormente desarrollada en su concepción de la mujer. Así mismo, sus intereses sociales se evidenciarían en sus obras tardías como *El malestar en la cultura* y *Psicología de masas;* pudiendo inferirse que —al no contar con referentes que así lo demuestren— esta última pudo estar influenciada por el pensamiento marxiano.

> Si bien vivíamos en situación nada holgada, mi padre insistía en que, en la elección de mi carrera, yo siguiera únicamente mis propias convicciones, ni por aquella época, ni más tarde por cierto, he sentido ninguna predilección especial por la carrera de médico. Me sentía movido más bien por una especie de curiosidad, que se dirigía, sin embargo, más bien a los asuntos humanos que los objetos de la naturaleza. Ni tampoco había llegado a captar la importancia de la observación como el medio más seguro de satisfacer esa curiosidad. Mi temprana familiaridad con el relato bíblico (en una época en que no había aprendido casi el arte de leer), tuvo, como hube de reconocerlo mucho más tarde, un efecto duradero sobre la orientación de mi interés. Bajo la influencia poderosa de una amistad escolar con un niño bastante mayor que yo, y que llegó a ser un político renombrado, llegué a sentir el deseo de estudiar leyes, como él, y emprender actividades de tipo social. Al mismo tiempo las teorías de Darwin, entonces especialmente en auge, me atrajeron poderosamente, por las esperanzas que ofrecían de un extraordinario progreso, en la comprensión del mundo, y fue el hecho de haber oído el hermoso ensayo de Goethe sobre la naturaleza, leído en alta voz durante una conferencia popular del profesor Caryl Brühl, exactamente antes de abandonar el colegio, lo que me decidió a comenzar el estudio de la medicina (Jones, 1981, p. 52).

Pese a ello, en los inicios de su carrera se interesó por la fisiología del sistema nervioso y el sistema cerebral, razón por la cual realizó estudios sobre el uso terapéutico de la cocaína. En 1885 recibe la habilitación para la enseñanza de neuropatología; y ese mismo año parte a París para seguir los cursos del neurólogo Jean Martin Charcot en el hospital Pitié Salpêtriére, estudiar las técnicas hipnóticas y su implementación en el tratamiento de trastornos nerviosos como de la histeria y la neurosis. Sin embargo:

> A su regreso de París Freud expuso ante sus colegas algunos trabajos referentes a la hipnosis, la histeria masculina y la diferencia entre parálisis orgánicas e histéricas, que fueron recibidas con bastante frialdad. Como consecuencia del rechazo, Freud hubo de alejarse de la sociedad de médicos (Tubert, 2000, p. 24).

Posteriormente Freud se interesaría por el método catártico usado por Joseph Breuer, y en 1895 escribe junto a este *Estudios sobre la histeria*; no obstante, al poco tiempo Freud sustituiría la hipnosis por la asociación libre con lo que sentaría las bases del naciente psicoanálisis.

En 1886 se casa con su prometida Martha Bernays, a quien escribió más de 900 cartas durante su compromiso de 4 años, relación en la que Freud se caracterizó por la desconfianza y los celos, no solo respecto a los amigos y pretendientes de Martha, sino inclusive de su madre y hermano. Freud a lo largo de su vida se mostró inseguro del amor de su esposa, poniendo constantemente a prueba su afecto fundamentalmente mediante la exigencia de renuncia a todo contacto ajeno a su persona y sus hijos, expresando recurrentemente que Martha solo tenía en la vida dos deberes, conservarse sana y quererle.

En 1899 publica *La interpretación de los sueños*, pero sus teorías continuaron sin gozar de aceptación en la comunidad médica y académica; es posteriormente que se conforman grupos de interesados en su obra. En 1901 publica *Psicopatología de la vida cotidiana*, en 1902 recibe el nombramiento imperial de profesor extraordinario, en 1905 *publica El chiste y su relación con el inconsciente* y *Tres ensayos para una teoría sexual*. En 1909 la Universidad de Clark le concede el título de Doctor Honoris Causa y entre 1910 y 1920 publica *Metapsicología, Historiales clínicos, Introducción al narcicismo, Introducción al psicoanálisis,* entre otras.

En 1923 es diagnosticado con cáncer de mandíbula, enfermedad de la que padecería de manera intensa por el resto de su vida y que le ameritaría más de 30 operaciones; sin embargo, continuaría su ritmo de trabajo y durante esos años publica obras como: *La organización genital infantil, El final del complejo de Edipo, Algunas consecuencias psíquicas de la diferencia sexual anatómica* y *La feminidad.*

En 1938 se vio obligado a abandonar Austria como consecuencia de su anexión a la Alemania nazi, en la que Sigmund Freud por su condición de judío fue considerado enemigo del régimen, refugiándose en Londres.

> El 15 de marzo, bandas de camisas pardas irrumpieron en la Editorial Psicoanalítica y en la vivienda de Freud, limitándose a llevarse algo de dinero. Una semana más tarde, la Gestapo vuelve a registrar las habitaciones y arresta a su hija Anna durante un día. Ernest Jones, primer discípulo británico y también biógrafo de Freud, se esfuerza por convencerlo de la necesidad de abandonar el país; el maestro rechaza sus argumentos alegando que está demasiado viejo y débil (tenía entonces 81 años y se encontraba enfermo de cáncer) para emprender cualquier viaje; que ningún país le daría asilo (el problema de la desocupación era acuciante en toda Europa y las diversas naciones que se negaban a admitir la entrada de extranjeros); que no podía abandonar a su patria como un desertor. Finalmente acepta, sin embargo, Jones inicia gestiones para hacer posible el exilio, para lo cual este logra la colaboración del embajador norteamericano en Francia que, a su vez, consigue que el presidente Roosevelt intervenga en el caso por intermedio de su cónsul en Viena. Jones obtiene del gobierno británico un permiso de residencia para Freud y sus allegados. Merced a nuevas gestiones, apoyadas quizá por el prestigio inter-

nacional del profesor, las autoridades nazis otorgan el permiso de
salida (Tubert, 2000, p. 10).

Pero tan solo dos años más tarde, el 23 de septiembre de 1939 a
sus 83 años, le solicitó a su médico personal, Max Schur, la sedación
terminal con morfina, con el fin de no prolongar los sufrimientos y
agonía de su enfermedad.

Concepción de la mujer

Las reflexiones esgrimidas por Sigmund Freud en sus obras *Tres
ensayos para una teoría sexual, La organización genital infantil, El
final del complejo de Edipo, Algunas consecuencias psíquicas de la
diferencia sexual anatómica, La feminidad* y *El malestar en la cultura,*
fundamentalmente se circunscriben a la sexualidad, sus manifestaciones, expresiones y consecuencias en el desarrollo ulterior de la vida de
las mujeres desde una perspectiva determinista; la cual se presenta
como oscilante entre la inercia y la represión.

Es en este contexto que aparece uno de los aspectos más rele-
vantes en la obra de Freud, en la que expresase que la feminidad y
la masculinidad no es una condición biológica sino por el contrario,
una construcción social arbitraria: "todos los individuos humanos, en
virtud de su disposición bisexual, (...) combinan en sí características
tanto femeninas como masculinas, de modo que la masculinidad y la
feminidad puras no pasan de ser construcciones teóricas de contenido
incierto" (Freud, 1993, p. 513).

No obstante, Freud al poco tiempo de haber emitido dicha afirmación se retractaría y se orientaría abiertamente hacia una concepción
biológico-determinista; al afirmar que este condicionamiento de la
sexualidad femenina no es azaroso, por el contrario responde a las
diferencias de carácter fisiológico, morfológico y hormonales existentes
en los individuos.

> Masculino o femenino es la primera diferenciación que hacéis al
> enfrentaros con un ser humano, y estáis acostumbrados a llevar a
> cabo tal diferenciación con seguridad indubitable. La ciencia anató-
> mica comparte vuestra seguridad hasta cierto punto, pero no más
> allá. Masculinos son el producto sexual masculino y su substrato;
> femeninos, el óvulo y el organismo que los hospeda. (...) La diferen-
> ciación no es de orden psicológico. Cuando decís "masculino", queréis
> decir regularmente "activo", y cuando decís "femenino", "pasivo".
> Y es exacto que existe tal relación. La célula sexual masculina es
> activamente móvil; busca a la femenina, y ésta, el óvulo, es inmóvil,
> pasivamente expectante (Freud, 1993, p. 517-518).

Para el filósofo de la sospecha, la naturaleza misma, a través de sus manifestaciones biológicas en la dinámica sexual de los sujetos, establece ya los roles diferenciados entre hombres y mujeres en correspondencia con las exigencias culturales. A los primeros se les atribuye la actividad manifiesta en "la valoración y culto de las actividades psíquicas superiores, de las producciones intelectuales, científicas y artísticas, o por la función directriz de la vida humana que concede a las ideas" (Freud, 2004, p. 39); al mismo tiempo que otorga a las mujeres la pasividad, extrapolado socialmente a la belleza, el orden y la limpieza, las cuales "nadie afirmará que son tan esenciales como el dominio de las fuerzas de la naturaleza (...) pero nadie estará dispuesto a relegarlas como cosas accesorias" (ibídem).

Pero, para Sigmund Freud, el primer momento en que se hace manifiesta la diferenciación entre hombres y mujeres es durante la infancia; cuando el niño y la niña movidos por la curiosidad y la experimentación generada por el desconocimiento en los primeros años de vida ven por primera vez los genitales del otro:

> El clítoris de la niña se comporta al principio exactamente como un pene, pero cuando la sujeto tiene ocasión de compararlo con el pene verdadero de un niño, (...) toda niña advierte el pene de un hermano o de un compañero de juegos, llamativamente visible y de grandes proporciones; lo reconoce al punto como símil superior de su propio órgano pequeño e inconspicuo, (...) encuentra pequeño el suyo y siente este hecho como una desventaja y un motivo de inferioridad. Durante algún tiempo se consuela con la esperanza de que crecerá con ella (Freud, 1993, p. 415, 498, 506).

Esta argumentación esgrimida por Sigmund Freud, en la que la posición y valoración social del ser –hombre y mujer–, así como, sus capacidades físicas y psíquicas se encuentran determinadas por un mayor o menor volumen y preponderancia del órgano sexual, pone de manifiesto la influencia recibida del determinismo biológico, específicamente darwiniano y posteriormente legitimado en la teoría sociológica de Durkheim; en la cual la condición de inferioridad-superioridad respectiva y arbitrariamente atribuida a hombres y mujeres estuvo justificada por el volumen del cerebro.

Es a partir de este criterio que para Freud, el reconocimiento de la niña de su órgano sexual minúsculo e imperceptible genera necesariamente un choque frente al órgano prominente del varón, cayendo presa de la envidia fálica y sintiendo "este hecho como una desventaja y un motivo de inferioridad" (Freud, 1993, p. 498).

Sin embargo, esta denominada envidia del pene de acuerdo a Freud;

> Culmina en el deseo, muy importante por sus consecuencias, de ser
> también un muchacho, (...) intenta orinar en la misma postura que
> los niños y afirma que hubiese preferido ser un chico, (...) iniciándose en este punto el complejo de masculinidad de la mujer (Freud,
> 1993, p. 415, 478, 498).

Empero, Sigmund Freud obviaría de sus disertaciones el hecho de que la mujer no envidia un pene físico sino un pene social, pues el pene no es significante en sí mismo; envidia el conglomerado de privilegios arbitrariamente adquiridos y detentados por el hombre por su sola condición de varón. La llamada envidia fálica no es la necesidad inminente de poseer el órgano genital masculino, sino su significación social; la mujer envidia las libertades sociales que presiden los varones, su confiscación de la sexualidad y la posibilidad de que esta sexualidad sea generadora de placer y no de dolor (maternidad) como en su caso.

> Solo envidia el falo como símbolo de privilegios acordados a los varones; el lugar que ocupa el padre en la familia, la preponderancia universal de todos los machos, la educación, todo lo confirma en la idea de la superioridad masculina. Más tarde, en el transcurso de las relaciones sexuales, la postura misma del coito, que coloca a la mujer debajo del hombre, es una nueva humillación (Beauvoir, 1981, p. 66).

Envidia fálica que habrá de materializarse:

> En la ambición de igualarlo en el terreno de las realizaciones intelectuales o artísticas, en los esfuerzos por obtener independencia, en las tendencias a dominar a los demás y en todos los artificios utilizados a fin de compensar la desventaja social en que las coloca el hecho de no ser hombre. (Klein, 1990, p. 137-138).

Por el contrario, para el filósofo de la sospecha el varón no tendrá la misma respuesta física y psicológica al percibir por primera vez los genitales de la niña:

> Cuando el varón, en análoga situación, descubre por primera vez la región genital de la niña comienza por mostrarse indeciso y poco interesado; no ve nada o repudia. (...) Ya en conjunto con otros factores, determinarán permanentemente sus relaciones con la mujer: el horror ante esa criatura mutilada, o bien el triunfante desprecio de la misma (Freud, 1993, p. 506).

Es decir, para Freud radica en la diferencia genital de la mujer el desprecio del hombre hacia ella, al ser considerada un ser incompleto;

marcando de acuerdo a este episodio el destino de la vida y relación de los géneros, no solamente en la dinámica sexual sino en las relaciones que desarrollan a lo largo de su vida en el entramado social.

No obstante, el autor no explicitaría en su propuesta teórica si este rechazo que siente el niño por el sexo opuesto es un desprecio social o sexual, pues de ser de carácter sexual, las consideraciones de Freud constituirían un fuerte golpe al pensamiento heteronormativo, además de contribuir a la legitimación y reconocimiento de la homosexualidad.

Así mismo, el psicoanalista también afirmaría que en un primer momento todos los individuos traen al mundo los denominados *impulsos sexuales*, sin embargo, estos "después de un periodo de desarrollo, van sucumbiendo a una represión progresiva, la cual puede ser interrumpida a su vez por avances regulares del desarrollo sexual o detenida por particularidades individuales" (Freud, 1993, p. 394).

Más adelante, adjudicaría la represión sexual a una condición innata de la feminidad y por tanto inmodificable, al responder a la constitución física y psíquica de la mujer:

> Las disposiciones masculina y femenina resultan ya claramente reconocibles en la infancia. El desarrollo de los diques sexuales (pudor, repugnancia, compasión, etc.) aparece en las niñas más tempranamente y encontrando una resistencia menor que en los niños. Asimismo es en las niñas mucho mayor la inclinación a la represión sexual, y cuando surgen en ellas pulsiones parciales de la sexualidad escogen con preferencia la forma pasiva (Freud, 1993, p. 442).

Ahora bien, ¿esta preferencia de la pasividad en la mujer se establece como producto de su naturaleza psíquica y fisiológica, según Freud carente de libido? ¿O responde por el contrario a la promoción de la represión y una moral sexual intolerante en la niña?

Freud obviaría en sus teorías que este proceso de represión de la sexualidad, que considera característico de la feminidad, no es más que un proceso de invalidación de la sexualidad de la mujer; el cual se hace posible mediante la construcción de prohibiciones sociales capaces de oponerse, denegar o reorientar la pulsión sexual de la mujer. Represión de la sexualidad que será instalada en la psique de la mujer mediante diques constrictivos como lo son la *repugnancia, el pudor y la moralidad.* Diques que serán de orden social, pero introducidos en el complejo psíquico y entendidos como productos mentales autóctonos.

No obstante, si bien es posible y pertinente reconocer que las consideraciones del filósofo de la sospecha sobre la represión sexual de la mujer estuvieron fuertemente influenciadas por su herencia judía y la configuración de la sexualidad victoriana represiva y patriarcal propia de su momento histórico, llama particularmente la atención que explicase la situación social de la mujer a partir de la represión sexual, dado que, años anteriores en una de sus conferencias afirmase:

> Para la hija del conserje, la actividad sexual resultó tan natural y exenta de problemas en su vida adulta como lo había sido en su infancia, y estuvo libre de neurosis, mientras que la hija del casero experimentó el efecto de la educación y sufrió las consecuencias (Freud en Gay, 1986, p. 400).

Así mismo, en una de las 900 cartas pasionales atribuidas a Sigmund Freud durante 4 años de relación con su prometida y posteriormente esposa durante 53 años, Martha Bernays, afirmaría que:

> El pueblo llano vive sin reprimirse, mientras que nosotros dominamos nuestros instintos. Los burgueses lo hacemos para mantener nuestra integridad... Nos preservamos para algo, aunque no sabemos para qué, y este hábito de supresión constante de nuestros impulsos naturales es lo que nos da un toque de refinamiento (Freud, 1960, p. 50).

Es decir, para Freud en un primer momento la represión de la sexualidad no se constituyó como una condición innata de las mujeres, por el contrario, esta era extensiva a ambos sexos y respondió a un condicionamiento de clase y las prácticas, valores y criterios morales atribuidos a la burguesía.

Pero, ¿a qué responde el vehemente interés de Sigmund Freud por una teoría de la represión sexual? De acuerdo a algunos autores puede adjudicarse a su marcado desinterés personal en el sexo y la represión auto infligida en este ámbito a lo largo de su vida, como así lo evidenciase en una carta dirigida a su entonces prometida donde:

> Afirmaba no haber prestado nunca atención a las mujeres, y que ahora estaba pagando bien caro por esa negligencia. Probablemente fueron bien escasos y distanciados incluso los contactos físicos. [Así mismo] en una carta dirigida al Doctor Putnam sobre el tema de conceder mayor libertad, en esa esfera a la juventud, agregaba: "si bien yo, por mi parte, me he concedido muy poco en cuanto a esta libertad" (Jones, 1981, p. 118).

Otros autores como Anzieu (1978) y Young-Bruehl (1988) aducen que el énfasis de Sigmund Freud en la teoría de la sexualidad respondió al hecho de que la pasión que caracterizase la relación con su prometida rápidamente desapareció al casarse, la relación se tornó aburrida tras el nacimiento de su hija Anna en 1896, razón por la cual el matrimonio Freud decidió cancelar su vida sexual. –Justamente el año en el que Sigmund intentó demostrar la etiología sexual de la histeria–.

Así mismo, Decker (1981) afirmaría que aproximadamente desde 1900 año en que se publicó *La interpretación de los sueños* Freud dejó de tener relaciones sexuales con su esposa; lo cual se pone en evidencia en la correspondencia que intercambiase con Fliess donde afirmase: "Tampoco la excitación sexual le sirve ya de nada a una persona como yo".

Ahora bien, Freud también atribuiría a la mujer:

> Una cierta preferencia por la actitud pasiva y los fines pasivos se extiende al resto de su vida. (...) El sojuzgamiento de su agresión, constitucionalmente prescrito y socialmente impuesto a la mujer, favorece el desarrollo de intensos impulsos masoquistas (...) el masoquismo es, pues, así, auténticamente femenino (Freud, 1993, p. 519).

Este hecho, para el autor se hace manifiesto en la conducta de la niña la cual es "regularmente menos agresiva y obstinada, y se basta menos a sí misma; parece tener más necesidad de ternura, y ser, por tanto, más dependiente y dócil" (Freud, 1993, p. 521).

Sin embargo, Freud en lo que refiere a la situación social de la mujer obvia sistemática y repetidamente de sus consideraciones la influencia –ya por este reconocida en su concepción antropofilosófica– ejercida por las instituciones y agentes socializadores en la conformación y moldeamiento de la personalidad y conducta de los sujetos. Así mismo, es posible inferir que el filósofo de la sospecha a través de la ciencia intentara legitimar las situaciones de violencia, abuso, condicionamiento, represión, opresión y sujeción impuesta sobre la mujer, aduciendo una condición y predisposición natural masoquista, así como, una tendencia natural a la pasividad.

Para Freud, "Lo masculino comprende el sujeto, la actividad y la posesión del pene. Lo femenino integra el objeto y la pasividad. La vagina es reconocida ya entonces como albergue del pene" (Freud, 1993, p. 492), estableciendo de este modo el condicionamiento de la sexualidad, además de avalar y promover la violencia sexual, pues afirma: "la consecución del fin biológico ha sido confiada a la agresión del hombre y hecha independientemente, en cierto modo, del consentimiento de la mujer" (Freud, 1993, p. 537).

Es decir, la mujer ha sido objetualizada y definida como medio para la canalización de la sexualidad incontenible del varón puesto que la libido es regularmente de naturaleza masculina, aparezca en el hombre o en la mujer, e independientemente de su objeto, sea este el hombre o la mujer (Freud, 1993, p. 442).

Estas consideraciones sin dudas estarían fuertemente influenciadas por el pensamiento predecesor del filósofo Arthur Schopenhauer, quien afirmaría que "el coito es sobre todo asunto del hombre; el embarazo, en cambio, solo de la mujer, (...) las mujeres existen únicamente para la propagación de la especie, y toda su misión se reduce a eso" (Schopenhauer, 2011, p. 44-45). La mujer como simple instrumento para la reproducción e inserción de los sujetos en el engranaje productivo y prolongación de la existencia masculina y sus recursos.

Pero en este proceso de acercamiento a la experiencia cognoscente de la concepción de la mujer presente en la teoría sexual del filósofo de la sospecha Sigmund Freud, desde una hermenéutica ricoeurtiana de la escucha y la sospecha, también encontramos significativas contradicciones en su obra pues aduciría que:

> Ni desde el punto de vista psicológico, ni desde el biológico, es posible hallar entre los hombres la pura masculinidad o la pura feminidad. Todo ser humano presenta en efecto, una mezcla de sus caracteres sexuales biológicos con caracteres del sexo contrario, así como de actividad y pasividad (Freud, 1993, p. 443).

De acuerdo a ello, es posible inferir que fisiológicamente la libido no es predominante en ninguno de los individuos según su sexo, las diferencias estarán manifiestas en el uso social de esta libido socialmente masculinizada y la renuncia socio-cultural a reconocer los impulsos lúbricos de la feminidad. Pese a ello, Freud insistiría en su teoría de la diferencia reflexionando sobre el hecho de que en la edad temprana de la mujer, es decir la niñez, *la zona erógena es el clítoris*:

> La pubertad (...) se caracteriza en la niña por una nueva ola de represión que recae precisamente sobre la sexualidad clitoridiana. (...) La fortificación de los obstáculos sexuales creada por esta represión de la pubertad en la mujer constituye después un estímulo más para la libido del hombre y obliga a la misma a elevar sus rendimientos. Con el grado de la libido se eleva entonces también la supervaloración sexual, que recae con toda su fuerza en la mujer que se niega al hombre y rechaza su propia sexualidad (Freud, 1993, p. 444).

Sin embargo, esta etapa de redirección de la zona de placer en la mujer, de la actividad clitoridiana a la vaginal, no es natural; por el contrario, es posible inferir que se establece como un elemento más del sistema de regulación y restricción del placer femenino. Es decir, el cuerpo de la mujer y su genitalidad puesta al servicio del placer del varón y de la reproducción, constituyéndose en "un estímulo más para la libido del hombre" (ibídem).

> Cuando la transferencia de la excitabilidad erógena desde el clítoris a la entrada de la vagina queda establecida, ha cambiado la mujer la zona directiva de su posterior actividad sexual, mientras que el hombre conserva la suya sin cambio alguno desde la niñez (Ibídem).

Freud una vez más obvia los procesos sociales que intervienen en dichas dinámicas sexuales e invisibiliza el hecho de que el hombre no necesita proporcionar placer más que a sí mismo, por ello, mantiene su zona erógena. La mujer por su parte no debe sentir placer, razón por la cual "la persistencia de la excitabilidad clitoridiana disminuye la función sexual de la mujer, haciéndola anestésica para el coito" (Freud, 1993, p. 478), pues debe proporcionar placer a "otro", varón y definido socialmente como superior.

Por tanto, es posible afirmar que este cambio de la genitalidad erógena de la mujer identificada por Freud no es natural, se encuentra condicionada por factores externos en pro de la realización del varón en el cuerpo de la mujer, por ello "el clítoris debe ceder, total o parcialmente, su sensibilidad y con ella su significación a la vagina" (Freud, 1993, p. 522).

Ahora bien, posterior a este proceso de reconocimiento de la castración y redimensión de la zona genital erógena para la realización del placer masculino, la niña, ahora adolescente, "acepta su castración como un hecho consumado" (Freud, 1993, p. 499). No obstante, esta castración no es en el sentido literalmente fisiológico, la mujer se percibe castrada socialmente en el libre ejercicio de su sexualidad y su placer.

Pese a ello, el psicoanálisis nos dirá que posterior a este proceso de reconocimiento de castración y de envidia fálica, la niña renuncia al pene, pero esto no es una renuncia al deseo de poseer el objeto genital físico del varón, la mujer renuncia a una sexualidad para el placer; transfiriendo su energía sexual hacia la sexualidad que se le exige socialmente, la sexualidad para la reproducción:

> La renuncia al pene no es soportada sin la tentativa de una compensación. La niña pasa de la idea del pene a la idea del niño. Su complejo de Edipo culmina en el deseo, retenido durante mucho tiempo, de recibir del padre, como regalo, un niño, tener de él un hijo. (...) Los dos deseos, el de poseer un pene y el de tener un hijo, perduran en lo inconsciente intensamente cargados y ayudan a preparar a la criatura femenina para su ulterior papel sexual (Freud, 1993, p. 499).

De acuerdo al autor, la mujer ya no se afana en sentir placer pues se le ha educado para no desearlo, ahora anhela ser madre, rol impuesto a su vida y su sexualidad como medio por excelencia de elevación del *status* de la feminidad. Es por ello que "la eliminación de la sexualidad clitoridiana es un prerrequisito ineludible para el desarrollo de la feminidad" (Freud, 1993, p. 510).

Es por esta razón que la persistencia del interés por parte de la mujer en el desarrollo de su sexualidad para el placer será concebida en un entorno patriarcal androcéntrico y falocrático represivo como un intento de igualarse al varón. Toda sexualidad femenina divergente a la feminidad funcional, es decir, toda sexualidad infractora de la función reproductiva, será entendida como complejo de masculinidad, cuyo acto resolutivo de acuerdo a Freud se realiza en:

- *La adhesión a un complejo de masculinidad,* en la cual la reacción habrá de caracterizarse por la modificación caracterológica y –de acuerdo a Freud– la disposición a la homosexualidad.

  La esperanza de que, a pesar de todo, obtendrá alguna vez un pene y será entonces igual al hombre, es susceptible de persistir hasta una edad insospechadamente madura y puede convertirse en motivo de la conducta más extraña e inexplicable (Freud, 1993, p. 507).

- *La orientación a la inhibición sexual,* repudiar o renegar de su sexualidad, negándose a ejercer una sexualidad castradora en la que le es negado el placer, opción que según el filósofo de la sospecha habrá de ser privilegiada por:

  Personas que no han vencido nunca la autoridad de los padres y no han conseguido retirar de ellos por completo o en absoluto su ternura. Estos casos están constituidos en su mayoría por muchachas que para alegría de sus padres conservan después de la pubertad todo su amor infantil hacia ellos. Y es muy instructivo comprobar que tales muchachas repugnan en su ulterior vida matrimonial conceder a sus maridos lo que les es debido. Llegan a ser esposas frías y permanecen sexualmente anestésicas. (...) Para las muchachas de una exagerada necesidad de ternura y un horror igualmente exagerado ante las exigencias reales de la vida sexual, llega a ser una tentación irresistible asegurarse, por una parte, la idea del amor sexual en su vida y esconder, por otra, su libido detrás de una ternura que puedan exteriorizar sin autorreproches, conservando así, durante la vida, su inclinación infantil hacia los padres o hermanos, que volvió a surgir en ellas al llegar la pubertad (Freud, 1993, p. 450-451).

- *La aceptación de la "feminidad normal",* proceso en el cual la mujer renuncia al placer. Es decir, los impulsos sexuales y su energía que "es desviada en todo o en parte de la utilización sexual y orientada hacia otros fines" (Freud, 1993, p. 396).

En el caso del varón, parte de ella se dirigirá hacia una sexualidad para el placer; también otra parte de esta energía sexual será sublimada y orientada hacia la conformación de la cultura. En el caso de la mujer, los impulsos sexuales serán constreñidos, negados, represados y situados en su totalidad en la denominada *"feminidad normal";* cuyo núcleo constitutivo será la renuncia de la sexualidad para el placer y la eficiente adecuación a la sexualidad procreativa. Condenación que algunos asumen como consecuencia del hecho de que en las mujeres los "intereses sociales son más débiles y su capacidad de sublimación de las pulsiones menor que las de los hombres" (Freud, 1993, p. 539).

De esta forma tanto la sublimación como la represión de la sexualidad cumplirán una función social, es decir, la función de consolidar y mantener la desigualdad ya previamente configurada entre los individuos hombres y mujeres.

Sin embargo, de acuerdo al psicoanalista este proceso de sublimación de la sexualidad masculina creará las condiciones para el despliegue de la discordia por parte de las mujeres, dado que:

> La constitución de la familia estuvo vinculada a cierta evolución sufrida por la necesidad de satisfacción genital; ésta, en lugar de presentarse como un huésped ocasional que de pronto se instala en casa de uno para no dar por mucho tiempo señales de vida después de su partida, se convirtió por el contrario, en un inquilino permanente del individuo. Con ello, el macho tuvo motivos para conservar junto a sí a la hembra, o, en términos más genéricos, a los objetos sexuales; las hembras, por su parte, no queriendo separarse de su prole inerme, también se vieron obligadas a permanecer, en interés de ésta, junto al macho más fuerte (Freud, 2004, p. 44-45).

Es por ello que, según Sigmund Freud, las mujeres al representar los intereses de la familia y demandar la vida sexual que le es despojada por la sublimación –para la edificación de la cultura por parte de los hombres–, "no tardan en oponerse a la corriente cultural, ejerciendo su influencia dilatoria y conservadora. (…) [Es decir] la mujer viéndose así relegada a segundo término por las exigencias de la cultura, adopta frente a esta una actitud hostil" (Freud, 2004, p. 48-49).

Este hecho Freud lo explica como consecuencia de que la mujer "tiene menor sentido de la justicia que el hombre, que es más reacia a someterse a las grandes necesidades de la vida, que es más propensa a dejarse guiar en sus juicios por los sentimientos de afecto y hostilidad"

(Freud, 1993, p. 513); pero también y siguiendo –si bien no de manera explícita– a Friedrich Nietzsche, porque:

> Para la mujer es más imperiosa necesidad ser amada que amar. En la vanidad que a la mujer inspira su físico participa aún la acción de la envidia del pene, pues la mujer estima tanto más sus atractivos cuanto que lo considera como una compensación posterior de su inferioridad sexual original (Freud, 1993, p. 537).

Siendo para Freud por las razones antes descritas que "las réplicas de los feministas de ambos sexos, afanosos de imponernos la equiparación y la equivalencia absoluta de los dos sexos, (...) y la reivindicación feminista de iguales derechos no nos llevará lejos porque la diferencia morfológica ha de manifestarse en variantes del desarrollo psíquico" (Freud, 1993, p. 513, 498).

No obstante, estas concepciones de Freud sobre la emancipación de la mujer promovida por los emergentes movimientos feministas es posible inferir que estuvieron fuertemente influenciadas por las consideraciones de carácter determinista de su época, así como, por la evidente influencia recibida de pensadores antecesores como Charles Darwin, Arthur Schopenhauer y Friedrich Nietzsche.

Así mismo, es posible considerar como factores que influyeron en su concepción de la mujer a sus temores personales; específicamente a la competencia en su ámbito de producción teórica por parte de las mujeres de su entorno; entre ellas su hermana Anna Freud, quien también incursionara en el psicoanálisis, su hija Anna Freud a quien no le permitiese estudiar medicina por ser mujer, y su esposa Martha Bernays a quien escribiese: "¿Debo pensar en mi dulce y delicada niña como en un competidor? La naturaleza delicada de la mujer necesita protección. La emancipación acabaría con lo más preciado que puede ofrecernos el mundo: nuestro ideal de mujer" (Freud, 1960, p. 76).

A modo de síntesis

Sigmund Freud puede ser considerado como el filósofo de la sospecha –de entre los anteriormente considerados– que demostrase un mayor interés por la mujer en sus obras, siendo el único de estos que le dedicó un ensayo en su totalidad. Así mismo, este proceso investigativo nos permitió:

- Comprobar la existencia de una concepción de la mujer presente en las obras del autor.

- Visibilizar que a lo largo de la totalidad de su obra y su vida este mantuvo una única concepción de la mujer.
- Evidenciar que esta concepción de la mujer de Sigmund Freud se desarrolló siempre dentro de los límites del determinismo biológico.

Siendo desde esta perspectiva biologicista que el autor enfatizó la diferencia entre hombres y mujeres sobre la base de las diferencias de la genitalidad, cuyo volumen y proporción habrían de determinar sus capacidades físicas y psíquicas, así como, su lugar y valor dentro de la sociedad.

Para Freud, la mujer a lo largo de su obra se concibe como un cuerpo vacío, carente de capacidad de acción y decisión, a disposición para la satisfacción de los impulsos sexuales del hombre con su consentimiento o sin él. Además, la mujer es considerada por el filósofo de la sospecha como un vientre, es decir, un medio para la realización del instinto de vida del hombre por medio de la prolongación de su existencia.

Con ello se pondría de manifiesto la influencia recibida de Charles Darwin, así como, –desde nuestra perspectiva– pudiese inferirse de manera arbitraria –al no contar con un referente histórico y evidencia que legitime la reflexión en cuestión– la influencia recibida del pensamiento de Arthur Schopenhauer; pero también de las consideraciones expuestas en la primera y última etapa del pensamiento nietzscheano sobre la mujer, determinista y pasional respectivamente.

Además, es posible encontrar notables contradicciones en lo que refiere a la concepción de la mujer en el filósofo de la sospecha Sigmund Freud. Pues, al afirmar en su concepción antropofilosófica que la agresión es característica de la condición humana y la moral actúa como represora de la naturaleza instintiva del sujeto, invalida sus tesis de la ausencia de libido femenino, así como, la docilidad, ternura y dependencia como características actitudinales atribuidas a la niña.

Freud en lo que refiere a la situación social de la mujer obvia sistemática y repetidamente de sus consideraciones la influencia –ya por este reconocida en su concepción antropofilosófica– ejercida por las instituciones y agentes socializadores en la conformación y moldeamiento de la personalidad y conducta de los sujetos. Freud en su concepción sobre la mujer parece haberse obviado a sí mismo, es decir, a sus postulados antropofilosóficos.

Pese a ello, el autor nunca reconocería estas contradicciones presentes en su obra, razón por la que la concepción de la mujer en la obra del psicoanalista se presenta como carente de demostración y por tanto de cientificismo. Situación que nos permite inferir que el autor intentó incorporar sus consideraciones de carácter personal como condicionamientos biológicos universales, capaces de legitimar desde la psicología el pensamiento hegemónico de la época.

Así mismo, vale la pena visibilizar que sus teorías presentan una importante carga de su relación y concepción personal con las mujeres, la cual quedaría manifiesta en su conducta insegura pero a la vez dominante a su esposa, de quien afirmase en repetidas ocasiones, solo tenía dos responsabilidades en su vida *mantenerse sana y quererle.*

Segunda parte
La mujer en los estudios de género de los sociólogos contemporáneos

Prefacio a la segunda parte

La concepción o concepciones sobre la mujer propuestas en sus distintas obras por Karl Marx, Friedrich Nietzsche y Sigmund Freud respectivamente, que analizamos en la primera parte de este libro, nos permitieron contar con una base teórica interpretativa sobre la cual abordar la incursión de los sociólogos contemporáneos en los estudios de género.

Como bien sabemos, en las últimas décadas se ha hecho manifiesto el acercamiento de los teóricos sociales a un ámbito de estudio hasta el momento considerado como periférico, por no contar con el reconocimiento cientificista y apoyo de la comunidad académica. Dicho acercamiento progresivo se produjo desafiando los criterios de validez en lo que respecta a la selección de objetos de estudio y a la producción de conocimiento en el ámbito sociológico, con el objetivo de cuestionar pero también de dotar de cientificismo dichos ámbitos de estudio, pese a las críticas de la comunidad a la que pertenecen y de los grupos feministas que hasta el momento han monopolizado el saber del género.

No obstante, la producción de conocimiento no se encuentra exenta de influencias, por el contrario, todo saber se fundamenta en una acumulación de conocimientos previamente generados, los cuales con frecuencia son retomados para su legitimación o deconstrucción desde una nueva perspectiva propuesta por el autor.

Consideramos por ello que este caso no ha de ser la excepción, –sin embargo, reconocemos un carácter apriorístico en nuestras afirmaciones al carecer de evidencias teóricas inmediatas que respalden nuestras reflexiones al respecto–. Pese a ello, creemos que al haberse erigido los filósofos de la sospecha (Karl Marx, Friedrich Nietzsche y Sigmund Freud) como líderes del pensamiento paradigmático cuestionador del orden social dominante de los dos últimos siglos de la civilización, es posible que las propuestas teóricas desde una perspectiva de género de los sociólogos contemporáneos Erving Goffman, Pierre Bourdieu y Anthony Giddens, se encuentren, en mayor o menor medida influenciadas por las concepciones sobre la mujer propuestas por los autores ya mencionados.

Ahora bien, no significa esto que esta influencia suponga una necesaria reproducción de los esquemas interpretativos, valorativos y argumentativos de los filósofos de la sospecha; estamos conscientes y expectantes frente a la posibilidad de que esta influencia converja necesariamente en una dialéctica hermenéutica.

Por ello, nuestro propósito en este apartado será develar los núcleos conceptuales interpretativos definidos por los sociólogos contemporáneos en relación con los filósofos de la sospecha. Pero, además, cómo estos han influido en la reproducción, legitimación, deconstrucción, redefinición o reelaboración de esas concepciones sobre la mujer en una teoría propia desde una perspectiva de género.

Capítulo 4. Los medios de comunicación y la feminidad ritualizada en Erving Goffman

Introducción

La obra de Erving Goffman destaca como una de las teorías sociológicas más importantes del siglo XX al proponer el estudio de las interacciones desde una perspectiva dramatúrgica, orientada a la satisfacción de la expectativa social con el objetivo de evitar el estigma y la exclusión social. A lo que Alvin Gouldner en su texto *La crisis de la sociología occidental* le atribuiría un carácter de utilitarista.

Pese a ello, la propuesta goffmaniana se distingue por "sospechar" —en términos ricoeurtianos— y desenmascarar la trama de las relaciones sociales. Poniendo en evidencia el engaño que subyace en cada interacción, así como la presión ejercida por los agentes socializadores para la ocultación de las verdaderas concepciones e intenciones del sujeto, como estrategia garante del orden social establecido. Por ello:

> El análisis dramatúrgico es una metáfora que ayuda a entender cómo se desenvuelven las personas en su vida cotidiana: interpretando los papeles que les toca representar, esforzándose por hacer creíble su representación y buscando para ello la complicidad del público o la audiencia. En todo escenario, además, toda persona es, a la vez, actor y audiencia (Macionis & Plummer, 2007, p. 170).

Es desde esta perspectiva que Erving Goffman incursiona en los estudios de género en el año 1976, lo cual se presenta como imprescindible en este trabajo dado que:

- Puede considerarse como uno de los primeros sociólogos contemporáneos en hacer ruptura con la selección hegemónica de objetos de estudio.

- Se orientó a la comprensión de los procesos representativos de la feminidad y la masculinidad en los medios de comunicación y difusión masiva, principalmente en la publicidad, fenómeno hasta entonces desatendido por las ciencias sociales y los emergentes estudios de género.

No obstante, nos orientaremos al análisis de dichos estudios de género; así como a visibilizar –de existir– en la obra de Goffman una influencia de la concepción de la mujer de los filósofos de la sospecha (Karl Marx, Friedrich Nietzsche y Sigmund Freud).

Vida y obra

Erving Goffman nace el 11 de junio de 1922, en la ciudad de Manville, Canadá. Hijo de los emigrantes judíos de origen ucraniano Max Goffman y Anne Goffman –quienes se desempeñaran como mercaderes–,[1] y hermano de la actriz Frances Goffman Bay.

El primer acercamiento de Goffman a los estudios superiores sería en el año 1939 a través de las llamadas ciencias puras, específicamente la química, en la Universidad de Manitoba. Sin embargo, en 1943 ingresaría al National Film Board lo cual pudo contribuir a su posterior interés por los medios de comunicación y las representaciones de la feminidad en estos.

No sería hasta el año 1944 que incursionaría en la Sociología iniciando sus estudios en la Universidad de Toronto. Interesándose en un primer momento por la antropología, principalmente las obras de Alfred Reginald, Radcliffe Brown y Gregory Bateson; así como en el ámbito de la sociología colocó su atención en las obras de autores como Emile Durkheim y Talcott Parsons. Ahora –si bien no contamos con referencias explícitas que den cuenta de lo señalado– podemos inferir que la lectura de la obra de Parsons pudo acercar a nuestro autor en estudio al pensamiento de Max Weber, al mismo tiempo que a la obra de Friedrich Nietzsche a través de este último.

Posteriormente, en 1945 ingresa a la Universidad de Chicago para continuar sus estudios de sociología donde sería discípulo de Everett Hughes, Edward Shils y Lloyd Warner, doctorándose en esta área en 1953 con el trabajo titulado "Communication conduct in an island community".

---

[1] Condición que aunada a la de judíos e inmigrantes generó rechazos y dificultades de integración en la comunidad, situación que es posible inferir influyera en los posteriores escritos de Erving Goffman sobre el estigma.

En julio del año 1952 se casa con Angélica Schuyer Choate[2] quien sufriese serios problemas de salud mental, incluso siendo necesaria su internación. Esta situación marcó significativamente el interés de Erving Goffman por temáticas tan específicas como los enfermos mentales y lo llevaría en 1954 a tomar la decisión de:

> Vivir duramente varios meses entre los enfermos mentales inicialmente, en un pequeño hospital psiquiátrico experimental y, posteriormente, en la enorme clínica psiquiátrica de la ciudad, la clínica Santa-Elisabete que consta de 7.000 camas. Será su segundo campo de observación prolongado. Durante un año, se mezcla a la vida del hospital, tanto de día como de noche, pasando de un pabellón a otro, y observando la vida de los reclusos (Urteaga, 2010, p. 152).

No obstante, pese a sus esfuerzos por comprender el fenómeno de la insania mental y la condición de aislamiento en instituciones de esta naturaleza, su esposa se suicidaría al saltar de un puente poco tiempo después de su salida de la institución psiquiátrica en 1964.

Entre los años 1952 a 1954 se desempeñó como profesor asistente y asociado en la Universidad de Chicago. En 1958 fue invitado por Herbert Blumer a impartir clases en el departamento de sociología en la Universidad de Berkeley donde sería nombrado profesor titular en 1960 y catedrático en 1962, hasta el año 1968. En 1966 acepta una estancia en la Universidad de Harvard incorporándose al Centro de Asuntos Internacionales hasta 1967. Desde 1968 se desempeñó como docente en la Universidad de Pensilvania y presidió la American Sociological Association desde 1981 hasta su muerte.

Su obra se desarrolló dentro del interaccionismo simbólico, y se le atribuyó la denominación de padre del enfoque dramatúrgico, perspectivas que se harían manifiestas en sus obras: *La presentación de la persona en la vida cotidiana, Asilo, Estigma, Interacción ritual, La locura en la plaza, Las relaciones en público, Los marcos de la experiencia*, entre otras.

En 1981 se casa con la lingüista Gillian Sankoff, no obstante, Goffman muere al poco tiempo, a la edad de 60 años el 20 de noviembre de 1982 a consecuencia del cáncer de estómago que le aquejaba.

Ahora bien, son muchos los aspectos sobre la vida de Erving Goffman que aún se desconocen pues:

---

[2] Angélica Schuyer Choate nació el 1 de enero de 1929 en Boston, en el seno de una familia económicamente privilegiada. Conoce a Erving Goffman en la Universidad de Chicago donde cursase una licenciatura, y cuyo trabajo de egreso de esta Universidad trató sobre "La personalidad de las mujeres de la clase superior".

> Al contrario que otros sociólogos, sobre todo en Estados Unidos, no
> recurrió nunca a sus recuerdos juveniles para ilustrar sus argu-
> mentos, no practicó nunca la entrevista, el texto de memorias, ni el
> "diario". Su vida privada parece totalmente opaca e independiente
> de su obra (Winkin, 1991, p. 13-14).

Sin embargo, contrario a lo considerado por Winkin –desde nuestra perspectiva– la obra de Erving Goffman se presenta como una
representación de su vida, sus intereses y afectaciones; es decir, como
escucha y sospecha de sus experiencias.

Los estudios de género

Los estudios de género de Erving Goffman se harían presentes
en su única intervención sobre este ámbito de estudio en el año 1976
con su ensayo "La ritualización de la feminidad" del libro *Gender
advertisements*, y reproducido en 1991 en el texto *Los momentos y
los hombres*.

En este ensayo Goffman concentraría su atención en visibilizar
las representaciones estereotípicas de la feminidad y la masculinidad
hecha por los medios de comunicación y difusión masiva, principalmente a través de la publicidad y la fotografía pues: "estos mensajes
mediáticos ofrecen lo que Goffman denomina 'manifestaciones' de
género: información simplificada, exagerada y estereotipada sobre los
'alineamientos' apropiados de los hombres y las mujeres en determinadas interacciones" (Ritzer, 2002, p. 389).

No obstante, Goffman en su incursión en los estudios de género
obviaría la reflexión o disertación acerca de los núcleos conceptuales
sobre los que se estructuran los estudios de género; no haría referencia
ni se fundamentaría en investigaciones previas, al mismo tiempo que
–contrario a los filósofos de la sospecha– se cuidaría de hacer consideraciones de carácter personal o valorativa respecto al objeto de estudio.

En la obra de Erving Goffman, las categorías sexo y género se
presentan como ambiguas, el único intento de categorización y diferenciación de las mismas parece ser la denominación de sexo (social);
la cual, si bien carece de una explicación o aclaratoria conceptual,
parece remitir a las características sociales atribuidas a los sexos
en el proceso de socialización, como una categoría diferenciadora
del sexo (biológico).

Pese a ello, es posible afirmar que la propuesta teórica del sociólogo contemporáneo Erving Goffman se presenta como novedosa pues
hasta entonces los estudios de la influencia ejercida por los medios de
comunicación en la construcción, moldeamiento y reproducción de los

estereotipos de género, tanto desde la teoría sociológica contemporánea como desde el feminismo, limitados, o en el peor de los casos estuvieron ausentes.

Para el autor "las fotografías ilustrativas de la conducta relacionada con el sexo (social) pueden tener como utilidad, refrescarnos las ideas sobre: los estilos de comportamiento relacionados con el sexo, [y su presentación desde] una visión finalmente sesgada" (Goffman, 1991, p. 139).

Es decir, los medios, y todo el aparato publicitario sobre el que se organizan, intentan legitimar los condicionamientos de género a través de la difusión a escala masiva de imágenes y representaciones sesgadas sobre los hombres y las mujeres. Además, exigen una clara diferenciación entre estos como condición imprescindible a fin de garantizar su participación en dicha representación escenificada pues "posar para la publicidad implica casi invariablemente una titularidad de sexo, haciendo las modelos femeninas de personajes femeninos y, los modelos masculinos, de personajes masculinos" (Goffman, 1991, p. 140).

Es decir, los medios de comunicación y la publicidad a través de sus representaciones continúan reproduciendo la concepción de la mujer de la sociedad victoriana que fue legitimada por el pensamiento socio-filosófico, como bien lo ilustrasen las consideraciones de carácter determinista y pasional de los filósofos de la sospecha previamente abordados: Friedrich Nietzsche y Sigmund Freud.

Así mismo, Goffman en esta obra pone de manifiesto en la teoría sociológica contemporánea la constante utilización y objetualización de la imagen de las mujeres para la comercialización de productos y servicios en el contexto de la dinámica consumista del engranaje capitalista de la sociedad contemporánea.

> La misión del publicitario es disponer favorablemente al espectador ante el producto que ensalza, y su procedimiento consiste, en general, en mostrar un ejemplar brillante en un marco encantador, con el mensaje implícito de que, comprando uno, estaremos en el buen camino para vernos en el otro que es lo que deseamos. Además, es interesante observar que el elemento encantador suele estar proporcionado por la presencia, en el cuadro, de una elegante mujer joven, llegada para conceder su aprobación y el esplendor de su persona al producto, trátese de una escoba, un insecticida, un asiento ortopédico, materiales de recubrimiento, una tarjeta de crédito o una bomba al vacio. (...) Los publicitarios escogen casi siempre tipos positivos, aprobados por todos (quizá porque prefieran ver sus productos más bien asociados a lo bueno que disociados de lo malo), de modo que nos presentan personajes idealizados sirviéndose de medios ideales (Goffman, 1991, p. 141-142).

A partir de ello podríamos –arbitrariamente, al no existir una referencia explícita– establecer una correlación influyente del pensamiento sobre la mujer en la publicidad propuesto por Erving Goffman con respecto a la teoría marxiana. En la teoría de Karl Marx la incorporación de la mujer al engranaje productivo no ha mejorado su situación social, por el contrario, la ha reducido a la condición de explotación; este hecho sería retomado por Goffman en el contexto de una economía de consumo en la cual a la mujer se le ha fetichizado, es decir, convertido en mercancía.

Desde esta perspectiva, los medios de comunicación, información y difusión masiva no solo objetualizan a la mujer, además contribuyen a la creación de imaginarios. Consolidan ideales, prototipos y cánones de belleza, invisibilizando de forma repetida y sistemática a los sujetos que no respondan a las expectativas socialmente creadas, pero también a los sujetos reales partícipes de los procesos y situaciones que se pretenden representar.

> Toda explicación sobre el sexo en la publicidad termina por llegar al punto en que, en cierto sentido, modelo y personaje no son más que uno. Esto es lo que en particular justifica la simplificación de que hablábamos. Porque si, ciertamente, el publicitario que escenifica una "enfermera" no nos presenta el registro fotográfico de tal personaje; dicho de otra manera, no nos muestra la imagen *auténtica* de una verdadera enfermera, en todo caso nos hace ver una mujer verdadera, al menos, en el sentido corriente de la palabra "verdadero". Cuando sale del estudio la modelo deja de ser "enfermera", pero sigue siendo "mujer" (Goffman, 1991, p. 141).

Aunado a ello, para Goffman los medios –principalmente– a través de la acción publicitaria reproducen roles de género, es decir, la distribución de actividades, conductas y valoraciones arbitrariamente atribuidas a hombres y mujeres con independencia de sus voluntades e intereses individuales.

> La mayoría de los anuncios que escenifican hombres y mujeres recuerdan más o menos francamente la división y la jerarquía tradicionales entre los sexos. Sí, la mujer aparece más a menudo en posiciones de subalterna o de asistida. El hombre, por el contrario, simbolizada su posición superior por su estatura más alta, se representa en una postura protectora según el lazo social que lo une a sus compañeras: familiar, profesional o amoroso (Goffman, 1991, p. 145).

Estas escenificaciones transmitidas y reproducidas por los medios evocan las concepciones tradicionalmente mantenidas a lo largo del proceso histórico social sobre las mujeres; las cuales serían legitimadas en la etapa determinista de los filósofos de la sospecha, específicamente Friedrich Nietzsche y Sigmund Freud.

Es a partir de ello que Goffman se permite la construcción de diez categorías arquetípicas en las que visibiliza la sistemática y recurrente representación diferenciada y desigual de las mujeres en los medios de comunicación y difusión masiva, específicamente en las imágenes publicitarias; en donde se exacerba la sutileza, la timidez, la vergüenza y la sumisión como conductas tradicionalmente atribuidas a las mujeres y consideradas por el filósofo de la sospecha Sigmund Freud como características innatas de la feminidad, entre ellas:

- *El tacto,* las mujeres se muestran con mucha mayor frecuencia que los hombres tocando ligeramente con el dedo o con la mano los perfiles de un objeto que abrigan en su seno o le acarician la superficie (a veces, so pretexto de dirigir su acción). Las vemos también tocarlo apenas como por miedo a que les dé una corriente eléctrica. Tenemos ahí un tocamiento ritualizado, que conviene distinguir de la variedad utilitaria, la que coge, maneja y retiene. En cambio, cuando la mujer se toca a sí misma lo hace, según parece, para hacer sentir hasta qué punto su cuerpo es algo delicado y precioso.

- *La mujer oculta,* se puede observar en una situación social desde lejos o tras una separación de manera que sea vista o se le vea poco. Oculta detrás de un objeto: detrás de una persona (con la posibilidad, entonces, de manifestar algo más que el simple distanciamiento, que puede llegar hasta la traición colusoria a la persona protectora).

- *La mujer lejana,* la mujer de los anuncios parece a menudo despegada de lo que la rodea (tener la cabeza en otro sitio), a pesar de estar aliada a un hombre; como si la vigilancia de él, preparado para enfrentarse a todo lo que pueda ocurrir, bastase por los dos (a veces, en efecto, el hombre tiene aspecto de estar en guardia). En cuanto a los objetos que entonces mira la mujer son diversos. Las manos son muy adecuadas para fijar en ellas una mirada que se ha desviado, pues esta postura, además de indicar cierto recogimiento, casi siempre hace bajar la cabeza, en lo que puede verse una actitud de sumisión.

- *La mujer sumisa,* en situación social quien se tienda en la cama o en el suelo estará más bajo que las personas sentadas o de pie. El suelo es además una de las partes menos limpias, menos puras y nobles de una pieza; el sitio que se reserva al perro, las cestas de ropa sucia, los zapatos de calle, etc. Por otra parte, es la postura que menos permite defenderse, que más dependientes nos hace de la benevolencia del medio. (Y evidentemente, el estar tendido en el suelo, el sofá o la cama parece ser un modo convencional de mostrar disposición sexual). Lo importante para nosotros es que los anuncios nos muestran más a menudo mujeres que hombres acostados. Se deriva de ello, una actitud que podemos interpretar como la aceptación de una subordinación, como una expresión insinuante, sumisa y conciliadora.

- *Juegos de manos,* más que los hombres, las mujeres se nos muestran en posturas que las alejan mentalmente de la situación social circundante, dejándolas desorientadas y desconcertadas, a la merced y benevolencia eventuales de otros participantes, presentes o posibles. Con frecuencia se les coloca en situación de desviarse de los demás, o bien de taparse la cara o la boca sobre todo con las manos, se trata de la ritualización de un gesto asociado a la infancia.

- *La mujer dócil,* en las representaciones publicitarias es más fácil ver a un hombre instruir a una mujer que una mujer a un hombre.

- *La mujer niña,* aquella que aparece al igual que los niños en estado de subordinación sujetos a favor de los adultos, y cuyo comportamiento evoca su deseo de atraerse un trato semejante.

- *La mujer-juguete,* evoca el «espera, que te cojo» es un juego corriente entre mayores y niños que se ven tratados de broma como presas asaltadas por un predador. En este juego ciertos objetos (cojines, chorros de agua o balones de agua) sirven de proyectiles que nos alcanzan sin hacernos daño. Y hay lugares (camas, nieve, estanques o brazos) a los que se puede lanzar sin peligro al pequeño cautivo. Pues bien, ocurre que los hombres se entregan a tales juegos con las mujeres que colaboran haciendo como querer escaparse, lanzando gritos de falsa alarma, temor o apaciguamiento. El baile es una ocasión institucionalizada, en la cual la pareja a la que se levanta del suelo nunca es el hombre.

- *La mujer juguetona,* de actitudes pueriles, capaz de hacer del propio cuerpo un medio de gesticulación divertida, una especie de marioneta circense.

- *Dicha de mujer,* aquellas que manifiestan placer, encanto, gozo o alegría, maneras todas de quedar transportados de dicha. El sentido quizás esté en que la mujer –como el niño comiendo un helado– es capaz de encontrar una especie de satisfacción última y definitiva en objetivos plenamente alcanzables en el momento, una exultación de consumo, en cierto modo.

Sin embargo, para Erving Goffman estas pretendidas representaciones de la naturaleza de las mujeres que evocan las concepciones sobre ellas mantenidas a lo largo del proceso histórico social, –ahora masificadas a través de la publicidad– no son más que representaciones artificiales y estereotípicas. Para el autor estas representaciones no se construyen sobre expresiones reales pues para este: "las expresiones reales de la femineidad y de la masculinidad proceden también de poses artificiales, en el sentido etimológico de este término" (Goffman, 1991, p. 167).

De acuerdo a ello, es posible inferir que para Goffman no existe una feminidad y una masculinidad real, pues esta ha sido construida y moldeada socialmente. Cualquier representación de esta feminidad y masculinidad artificialmente creada ha de ser una sobre-actuación de una actuación socialmente impuesta.

> En todo caso, posemos para una fotografía, o cumplamos un verdadero acto ritual, nos entregamos a una misma representación ideal de carácter comercial que se supone describe la realidad de las cosas. Cada vez que un hombre real enciende el cigarrillo a una mujer real, su gesto supone que las mujeres son objetos valiosos, algo limitadas físicamente, a las que conviene ayudar a cada paso. Tenemos aquí, en este pequeño rito interpersonal, una manifestación "natural" de la relación entre los sexos, pero que quizás esté tan lejos de reflejar realmente esta relación como lejos está de ser representativa la pareja de un anuncio de cigarrillos. Las expresiones naturales no son diferentes a las escenas comerciales: se utilizan con el fin de propagar cierta versión de las cosas, y en condiciones al menos tan dudosas y expuestas como las que conocen los publicitarios (Goffman, 1991, p. 168).

Con ello es posible evidenciar la postura de Goffman respecto a los géneros, o como este lo denominase el *"sexo social"*, que hasta entonces no se hacía explícita en su obra. Esta perspectiva puede asumirse como un rechazo categórico a los determinismos biológicos tradicionalmente impuestos y promovidos en el entramado social; lo cual además pudiera dar cuenta de la ausencia de influencias explícitas de los filósofos de la sospecha en estudio, específicamente Friedrich Nietzsche y Sigmund Freud.

No obstante, no se hacen manifiestas sus consideraciones valorativas al respecto, por lo cual no podemos afirmar si para el autor estas representaciones ritualizadas de la femineidad y la masculinidad poseen un carácter positivo o negativo, funcional o disfuncional en las dinámicas interactivas y sin deben ser modificadas o mantenidas.

Así mismo, afirmaría que:

> Los publicitarios no crean las expresiones ritualizadas que emplean: explotan el mismo cuerpo de exhibiciones, el mismo idioma ritual, que todos nosotros los que participamos en situaciones sociales, y con la misma finalidad, la de hacer interpretable un acto previsto. A lo sumo, no hacen sino convencionalizar nuestras convenciones, estilizar lo que ya está estilizado, dar un empleo frívolo a imágenes fuera de contexto (Goffman, 1991, p. 168).

Para el sociólogo no son los medios de comunicación y difusión masiva, como agentes socializadores, quienes a través de la publicidad construyen las imágenes ritualizadas de la feminidad y la masculinidad; por el contrario, considera que estos se reducen a la legitimación, reproducción y masificación de los condicionamientos y rituales de género previamente institucionalizados en las dinámicas interactivas de la cotidianidad.

Con ello la propuesta de Erving Goffman cobraría una importancia significativa en los estudios de género, dado que se presenta como una apuesta teórica sin precedentes dentro de la sociología contemporánea. En la cual pudimos evidenciar una ausencia parcial o total de influencias tanto de las concepciones sobre la mujer mantenidas por los filósofos de la sospecha (Karl Marx, Friedrich Nietzsche y Sigmund Freud), como del pensamiento feminista en auge.

Ahora bien, el lector, al igual que nosotros durante este proceso investigativo, se interrogará por las razones de la ausencia de una influencia de la concepción o concepciones (vindicativa, determinista, pasional o misógina) de los filósofos de la sospecha en los estudios de género del sociólogo contemporáneo Erving Goffman. A lo que, si bien no podemos proporcionar una respuesta concreta al no contar con los referentes que avalen dichas consideraciones, podríamos inferir que estas ausencias se encuentran justificadas por:

- No haber existido un acercamiento directo de nuestro autor en estudio Erving Goffman al pensamiento de los filósofos de la sospecha (Karl Marx, Friedrich Nietzsche y Sigmund Freud). Como mencionamos anteriormente, es posible que el sociólogo contemporáneo pudiera acceder al pensamiento de Nietzsche mediante la lectura de Max Weber en la obra de Talcott Parsons; así como, a la teoría de Marx mediante la lectura de la escuela crítica, el marxismo estructural o el marxismo histórico.

- No haber sido considerado por Goffman el pensamiento sobre la mujer de los filósofos de la sospecha (Karl Marx, Friedrich Nietzsche y Sigmund Freud), al valorarlo como extemporáneo y abordar un fenómeno no tocado por estos, como lo son las representaciones de género en los medios de comunicación y la publicidad.

- Haber obviado las concepciones sobre la mujer (vindicativa, determinista, pasional o misógina) de los filósofos de la sospecha, por el hecho de que nuestro autor en estudio Erving Goffman no tomase partido con respecto a la situación social de la mujer en la sociedad.

Sin embargo, no son estas más que conjeturas, por lo que esperamos el lector al igual que nosotros establezca sus propias consideraciones sobre las reflexiones aquí presentadas.

A modo de síntesis

La teoría goffmaniana se caracterizó por poner en evidencia el carácter conflictivo y homogeneizador de la sociedad, en la cual todo sujeto distinto a lo que el conglomerado social exige habrá de ser estigmatizado y excluido.

Ante ello, podría considerarse la propuesta teórica de Erving Goffman como una teoría de la pasividad social, en la que no se propone en ningún momento ni bajo ninguna forma, el cuestionamiento o desarticulación de las estructuras y exigencias sociales condicionantes y homogeneizadoras. Por el contrario, se promueve la supeditación y adaptación del sujeto a las demandas sociales asumidas bajo la modalidad de actuación; en la cual el sujeto no solo habrá de engañar a los otros, sino también, idealmente, a sí mismo.

Este hecho pondría de manifiesto la concepción antropofilosófica del autor en donde el ser humano presenta gran similitud con respecto al "idiota cultural" de Talcott Parsons; incapaz de regular sus acciones e interacciones sin la conformación de estructuras y normas externas, constreñido por las exigencias emanadas del todo social y en cuya satisfacción se diluye a sí mismo.

El ser goffmeano evoca entonces al sujeto de la sociedad contemporánea; contrario al ser de los filósofos de la sospecha este no es audaz ni revolucionario, orientado al socavamiento y transformación de las estructuras. En el sujeto moderno el orden social ha sido restablecido e internalizado.

Es en este contexto que el sociólogo contemporáneo Erving Goffman desarrolla sus estudios de género, orientados principalmente a la visibilización de las representaciones de la feminidad en los medios de comunicación, información y difusión masiva, especialmente en la publicidad.

Ahora, si bien es cierto que los estudios de género de Goffman resultan de gran importancia para las ciencias sociales al haber sido un fenómeno históricamente desatendido por estas, se hace inevitable el anhelo de un trabajo más elaborado en el que se aprecie una reflexión o disertación sobre los núcleos conceptuales sexo y género que el autor evitase en su obra.

Sin embargo, Goffman es explícito al reconocer la feminidad y la masculinidad como construcciones sociales, como artificialidad, es decir, como actuación; la cual se ve reforzada, reproducida y masificada a través de la representación simplificada, exagerada y estereotípica hecha por la publicidad, y que tendrá como objetivo el direccionamiento y mantenimiento de las conductas de género y pautas interactivas socialmente exigidas.

No obstante, en los estudios de género de Goffman, no se hace manifiesto si considera este hecho como positivo o negativo, tampoco propone ningún acto resolutivo frente a dicho fenómeno. De acuerdo a ello es posible inferir –fundamentándonos en su teoría dramatúrgica– que para el autor esta categorización de los roles y actitudes de género (si bien arbitrariamente otorgadas a hombres y mujeres) se presentan como funcionales al orden social establecido.

Además se podría considerar –sobre la base de su concepción antropofilosófica al carecer de elementos concretos que así lo indiquen– que frente a dichos condicionamientos de género y la posibilidad de estigmatización, sanción y exclusión social, los sujetos acepten de manera pasiva los roles de género estereotípicos asignados.

Así mismo, en lo que refiere a la influencia recibida de la concepción de la mujer por parte de los filósofos de la sospecha, ya fuese mediante su adhesión o rechazo, su reproducción o desarticulación, no nos fue posible rastrear ningún referente que vincule a nuestro sociólogo contemporáneo con la filosofía de la sospecha. A excepción de que considerásemos apriorísticamente la actuación de la feminidad goffmaniana en correspondencia a las exigencias sociales como una derivación y actualización de la aceptación de la denominada "feminidad normal" propuesta por Sigmund Freud.

Capítulo 5. Desigualdades de género y dominio simbólico en la obra de Pierre Bourdieu

Introducción

La apuesta teórica de Pierre Bourdieu se caracterizó por su criticismo con respecto a los determinismos que han dominado la tradición sociológica. Si bien su obra se encuentra significativamente influenciada por la teoría marxiana y marxista, no tardaría en oponerse al determinismo economicista abanderado por dicha corriente de pensamiento. Así mismo, pese a sus estrechos vínculos con Levi-Strauss, su obra surgiría como un medio para la superación de la institucionalizada oposición entre objetivismo y subjetivismo.

Se haría manifiesta allí su influencia del pensamiento de Karl Marx, fundamentalmente con la interpretación de una relación dialéctica entre las estructuras objetivas y los fenómenos subjetivos; razón por la cual se autodenominaría en la comunidad científica como estructuralista-constructivista, afirmando que:

> Por un lado, las estructuras objetivas... forman la base para... las representaciones y constituyen las constricciones estructurales que influyen en las interacciones: pero, por otro lado, estas representaciones deben también tenerse en cuenta particularmente si deseamos explicar las luchas cotidianas, individuales y colectivas, que transforman o preservan estas estructuras (Bourdieu en Ritzer, 2002, p. 489).

Por esta razón su teoría haría énfasis en la dimensión simbólica otorgada por los agentes socializadores y reguladores que determinan y condicionan las relaciones sociales dominación; pero también la dimensión simbólica internalizada, atribuida y reproducida por los dominados.

Ahora bien, ¿a qué responde nuestro interés por la propuesta bourdiana? ¿En qué radica la importancia de la obra de Pierre Bourdieu para las ciencias sociales y los estudios de género?

En primer lugar –desde nuestra perspectiva– la propuesta de Bourdieu se presenta como imprescindible para la comprensión de las ciencias sociales en la actualidad, fundamentalmente por su concepción manifiesta sobre estas, y su reconocimiento como un medio para la conservación o transformación del orden social establecido.

> El objeto de la ciencia social es una realidad que engloba todas las luchas, individuales y colectivas, que apuntan a conservar o a transformar la realidad, y en particular aquellas cuyo asunto en juego es la imposición de la definición legítima de la realidad y cuya eficacia estrictamente simbólica puede contribuir a la conservación o a la subversión del orden establecido, es decir, de la realidad (Bourdieu, 2007, p. 227).

Aunado a ello, nuestro interés en este autor particular se fundamenta en el hecho de que Pierre Bourdieu fue uno de los primeros sociólogos contemporáneos en tomar una posición explícitamente crítica con respecto a la dominación masculina desde la teoría sociológica. Al mismo tiempo que es posible considerársele como uno de los primeros teóricos sociales en intentar dotar de cientificismo a los estudios de género; como objeto de estudio legítimo dentro de los criterios de validez definidos por las ciencias sociales.

Es a partir de dichas consideraciones que procedimos al análisis hermenéutico de los estudios de género del sociólogo contemporáneo Pierre Bourdieu, quien incursionaría en este ámbito de estudio en 1980 con el ensayo denominado "La creencia y el cuerpo" en su texto *El sentido práctico* y más tarde en su célebre obra *La dominación masculina*.

Vida y obra

Pierre Bourdieu nace en la población rural de Denguin en Francia, el 1 de agosto de 1930, hijo único de una pareja de clase media-baja. Fue admitido en la Escuela Normal Superior en 1951, donde paralelo a sus estudios cursó el seminario de filosofía del derecho de Hegel, en la Escuela Práctica Des Hautes.

En este periodo podemos inferir que Bourdieu se permitió la lectura de algunos de los filósofos de la sospecha, principalmente las obras de Karl Marx –quien influenciase su pensamiento de manera explícita–, así como las obras de Friedrich Nietzsche, en su interés por el existencialismo que lo llevase a constituir algunas de sus reflexiones sobre la base del diálogo con la obra de Jean Paul Sartre.

En 1954 inicia su actividad profesional como profesor de filosofía, y poco tiempo después inicia su tesis filosófica sobre la estructura temporal de la vida emocional bajo la tutela de Georges Canguilhem, la cual abandona en 1957.

Entre 1958 y 1960 Bourdieu cumple obligaciones militares en Argelia, y tras culminar su servicio decide ingresar como asistente en la Facultad de Letras en dicho país. Ese mismo año regresa a París, esta vez como asistente de Raymond Aron de quien se distanciaría en mayo de 1968 por diferencias respecto a la emergencia y manifestación de los movimientos sociales.

El 2 de noviembre de 1962 se casa con Marie-Claire Brizard[3] con quien tuvo 3 hijos, y de quien más tarde se separaría en 1983.

En 1964 Bourdieu se une a la Escuela Práctica de Hauts Études de la cual fue director, al mismo tiempo que cumplió funciones como editor en Ediciones Medianoche. En 1968 funda el Centro de Sociología de la Educación y la Cultura, y en 1975 ingresa a la escuela de Hautes en Ciencias Sociales. En 1975 pasa a ser Director de la revista Artes de la Recherche y ese mismo año crea la revista Proceedings de la Investigación en Ciencias Sociales.

En los años subsiguientes continúa su intenso trabajo, involucrándose en la actividad política de los movimientos de izquierda, llegando incluso a apoyar en 1980 la candidatura a la presidencia de Michel Colucci.

Desde 1981 se desempeñó como Catedrático de sociología en el Colegio de Francia y en 1985 como Director del Centro de Sociología Europea. En el año 1989 recibe el Doctorado Honoris Causa por la Universidad de Berlín, y en 1996 por la Universidad Johann Wolfgang Goethe de Frankfurt.

Entre sus obras destacan *El oficio del sociólogo* 1968, *La reproducción* publicada en 1970, *Fundamentos de una teoría de la violencia simbólica* 1970, *La distinción* 1979, *Homo academicus* 1984, *La miseria del mundo* 1993, *El sentido práctico* 1994, *Sobre la televisión* 1996, *Capital cultural, escuela y espacio social* 2001, *Autoanálisis de un sociólogo* 2004, entre otros.

Muere de cáncer a los 71 años en París, el 23 de enero del año 2002.

---

[3] Marie-Claire Brizard fue hija de un médico y sobrina de un reconocido violinista del conservatorio de París, tuvo interés por la literatura, en la cual intentase incursionar como escritora. Sin embargo, abandonó cualquier intento de carrera profesional para dedicarse de manera exclusiva al ámbito doméstico y familiar.

Los estudios de género

La incursión del sociólogo contemporáneo Pierre Bourdieu en los estudios de género puede ubicarse en el año 1980 con su breve ensayo "La creencia y el cuerpo" publicado junto a otro grupo de ensayos en su obra *El sentido práctico*. A partir de allí la situación social de los géneros, y fundamentalmente de la mujer, cobraría significativa importancia para el autor, profundizando en este ámbito en 1991 con su ensayo Lenguaje, género y violencia simbólica; y en 1998 en un texto dedicado por completo a esta temática como sería La dominación masculina.

Es entonces, a partir del análisis hermenéutico de las obras ya mencionadas, que nos fue posible categorizar y visibilizar las consideraciones sobre los géneros propuestas por el autor en tres grandes etapas, entre ellas:

a) Etapa reflexiva

La primera etapa de los estudios de género de Pierre Bourdieu la hemos denominado etapa reflexiva, al caracterizarse por el exhaustivo proceso reflexivo del autor en torno a las causas del fenómeno de la dominación masculina, así como los procesos, instituciones y agentes socializadores que contribuyen a su mantenimiento y reproducción.

> No voy a afirmar que las estructuras de dominación sean ahistóricas, sino que intentaré establecer que son *el producto de un trabajo continuado (histórico por tanto) de reproducción* al que contribuyen unos agentes singulares (entre los que están los hombres, con unas armas como la violencia física y la violencia simbólica) y unas instituciones: Familia, Iglesia, Escuela, Estado (Bourdieu, 2000, p. 50).

Con esta afirmación el sociólogo marcaría una clara posición frente a dicha situación, considerando que el antagonismo existente o proclamado entre lo masculino y lo femenino no es natural, biológico o intrínseco; por el contrario, se construye y por tanto se realiza en las diferentes prácticas, comportamientos e interacciones en las que los/as sujetos/as participan:

> Las apariencias biológicas y los efectos indudablemente reales que ha producido, en los cuerpos y en las mentes, un prolongado trabajo colectivo de socialización de lo biológico y de biologización de lo social se conjugan para invertir la relación entre las causas y los efectos y hacer parecer una construcción social naturalizada (los "géneros" en cuanto que hábitos sexuados) como el fundamento

natural de la división arbitraria que está en el principio tanto de
la realidad como de la representación de la realidad que se impone
(Bourdieu, 2000, p. 13-14).

Con ello Bourdieu establecería una primera ruptura con las
concepciones tradicionalmente mantenidas acerca de los géneros; las
cuales históricamente se mantuvieron circunscritas a la dimensión
determinista de lo biológico, como bien lo han ilustrado la concepción
de la mujer de los filósofos de la sospecha Friedrich Nietzsche y Sigmund Freud.

Además esta construcción diferenciada de la realidad –para el
autor– se apoya en toda una dimensión simbólica y el sentido práctico,
entendido como esquemas motrices y automatismos corporales, que
conforman y operativizan el sentido común.

Para Pierre Bourdieu, esta socialización de lo biológico y biologización de lo social crea las condiciones para que la oposición entre
lo masculino y lo femenino, y por tanto el ejercicio de la dominación
masculina, se realice en *la manera de estar, de llevar el cuerpo, de com-
portarse.* El ser dominante y el ser dominado[4] va a institucionalizarse
y operacionalizarse a través del cuerpo; la oposición entre los sexos se
realiza en las prácticas y/o en los discursos, es decir, específicamente
mediante el lenguaje corporal y verbal cotidiano de los sujetos:

> La educación fundamental tiende a inculcar unas maneras de mane-
> jar el cuerpo, o tal o cual de sus partes (la mano derecha, masculina,
> o la mano izquierda, femenina, las formas de caminar, de llevar
> la cabeza, o la mirada, frontal, a los ojos, o, por el contrario, a los
> pies, etc.), que contienen una ética, una política y una cosmología
> (Bourdieu, 2000, p. 42).

Es decir:

> Movimientos hacia lo alto, masculinos, movimientos hacia abajo,
> femeninos, derechura contra docilidad, voluntad de aventajar *[avoir
> le dessus],* de remontar, contra sumisión, las oposiciones fundamen-
> tales del orden social, tanto entre dominantes y dominados como
> entre dominantes–dominantes y dominados–dominados, están siem-
> pre sexualmente sobredeterminadas, como si el lenguaje corporal

---

[4] En la obra sobre los géneros de Pierre Bourdieu es posible evidenciar una clara
influencia –si bien no explicitada por el autor– del filósofo de la sospecha Karl Marx,
afirmación que fundamentamos en el hecho de que incorpora a sus reflexiones la perspectiva conflictivista introducida por Marx con la antagónica lucha de clases y que es
retomada por el sociólogo contemporáneo para ser extrapolada a la relación entre los
sexos mediante la definición de las categorías *dominantes* y *dominados.*

de la dominación y de la sumisión sexuales hubiese suministrado al
lenguaje corporal y verbal de la dominación y de la sumisión sociales
sus principios fundamentales (Bourdieu, 2007, p. 116).

Sin embargo, sostiene el autor que esta dimensión de los usos
masculino y femenino del propio cuerpo va a concretarse e institucionalizarse en la división sexual del trabajo. Para Bourdieu esta
división sexual del trabajo con todo su aparato simbólico diferenciado
es internalizado, además de legitimado y reproducido por los sujetos,
quienes asumen la diferencia como naturaleza o en última instancia
como autonomía, es decir, como:

> La *vocación* por las tareas a las cuales uno está destinado, que re-
> fuerza la creencia en el sistema de clasificación vigente, haciéndolo
> aparecer como fundado en la realidad –*lo que de hecho es,* puesto
> que contribuye a producir esa realidad y porque las relaciones
> sociales incorporadas se presentan con todas las apariencias de la
> naturaleza–, y no solamente a ojos de aquellos que sirven al sistema
> de clasificación dominante (Bourdieu, 2007, p. 114-115).

Pierre Bourdieu, apuesta por la desmitificación del pensamiento
sobre la mujer y la división sexo-genérica mantenida en la tradición
sociológica, considerando que:

> Los esquemas clasificatorios a través de los cuales se aprehende y
> aprecia el cuerpo están siempre doblemente fundados, en la división
> social y en la división sexual del trabajo, la relación con el cuerpo
> se especifica según los sexos en función de la posición ocupada en la
> división sexual del trabajo (...) y según las formas que debe revestir
> el compromiso inevitable entre el cuerpo real y el cuerpo legítimo
> (con las propiedades sexuales que le asigna cada clase social) para
> ajustarse a las necesidades que están inscritas en la condición de
> clase (Bourdieu, 2007, p. 117).

A partir de dichas reflexiones es posible inferir que para el sociólogo no son las diferencias corporales las que definen la división sexual
del trabajo, por el contrario, es la división sexual y la división sexual
del trabajo la que construye y condiciona las valoraciones y prácticas
del cuerpo.

Pero además afirmaría Pierre Bourdieu que esta distribución desigual del espacio social fundamentada en la división sexual del trabajo
es extrapolada al cuerpo de las personas a través de su sexualidad.

> La oposición entre la orientación *centrífuga,* masculina, y la orien-
> tación *centrípeta,* femenina, que es el principio de la organización

del espacio interior de la casa, sin lugar a dudas se encuentra igualmente en el fundamento de las relaciones que los dos sexos mantienen entre sus cuerpos y, más precisamente, su sexualidad (Bourdieu, 2007, p. 125).

Con ello, el autor marcaría de manera explícita una gran distancia con la concepción de la mujer desarrollada por el filósofo de la sospecha Sigmund Freud; así como, con respecto a la promovida diferencia social como producto de la diferencia sexual, atribuyendo a esta última un carácter también aprendido a través de la percepción.

> El psicoanálisis, producto desencantador del desencantamiento del mundo que tiende a constituir *en cuanto* tal un dominio de significación sobredeterminada míticamente, lleva a olvidar que el propio cuerpo y el cuerpo de los otros no se perciben nunca sino a través de categorías de percepción que sería ingenuo tratar como sexuales (Bourdieu, 2007, p. 126).

Para Bourdieu en estrecha correspondencia con su concepción antropofilosófica –en la que no hay una naturaleza del ser humano sino necesidades sociales naturalizadas y donde el ser es múltiple, como diversas las experiencias, condiciones de vida y pertenencia de clase que lo constituyen– no hay una naturaleza sexual. Además para el sociólogo tampoco puede la diferencia sexo-genital constituirse como condición de desigualdad y dominio, pues para este, la denominada diferencia sexual es una construcción social sexualizada, socializada, internalizada y convertida en habitus.

> La diferencia *biológica* entre los *sexos,* es decir, entre los cuerpos masculino y femenino, y, muy especialmente, la diferencia *anatómica* entre los órganos sexuales, puede aparecer de ese modo como la justificación natural de la diferencia socialmente establecida entre los sexos, y en especial de la división sexual del trabajo (Bourdieu, 2000, p. 24).

Desde esta perspectiva el sociólogo contemporáneo Pierre Bourdieu invalida la teoría freudiana del instinto sexual como masculino y la envidia del pene como constitutiva de la estructura de personalidad de las mujeres, considerando que:

> Son las diferencias visibles entre el cuerpo femenino y el cuerpo masculino las que, al ser percibidas y construidas de acuerdo con los esquemas prácticos de la visión androcéntrica, se convierten en el garante más indiscutible de significaciones y de valores que con-

cuerdan con los principios de esta visión del mundo; no es el falo (o su ausencia) el fundamento de esta visión, sino que esta visión del mundo, al estar organizada de acuerdo con la división en *géneros relacionales,* masculino y femenino, puede instituir el falo, constituido en símbolo de la virilidad, del pundonor propiamente masculino, y la diferencia entre los cuerpos biológicos en fundamentos objetivos de la diferencia entre los sexos, en el sentido de géneros construidos como dos esencias sociales jerarquizadas. (...) No es que las necesidades de la reproducción biológica determinen la organización simbólica de la división sexual del trabajo y, progresivamente, de todo el orden natural y social, más bien es una construcción social arbitraria de lo biológico, y en especial del cuerpo, masculino y femenino, de sus costumbres y de sus funciones, en particular de la reproducción biológica, que proporciona un fundamento aparentemente natural a la visión androcéntrica de la división de la actividad sexual y de la división sexual del trabajo y, a partir de ahí, de todo el cosmos (Bourdieu, 2000, p. 36-37).

Aunado a ello hace manifiesta en su obra una crítica al complejo de Edipo como bastión del pensamiento psicoanalítico; al cual atribuye un carácter determinista y reductivo al limitarse al abordaje de lo sexual obviando los múltiples y diversos campos o ámbitos de construcción, significación y realización del género; además de invisibilizar el proceso de construcción de la identidad social y sexual por medio do la socialización y la división sexual del trabajo dentro de la institución familiar:

La relación originaria con el padre y con la madre o, si se prefiere, con el cuerpo paterno y con el cuerpo materno, que ofrece la más dramática ocasión de experimentar todas las oposiciones fundamentales de la práctica mitopoiética, no puede hallarse en el fundamento de la adquisición de los principios de estructuración del yo y del mundo y, en particular, de toda relación homosexual y heterosexual, sino en cuanto ella se instaura con objetos simbólicamente y no biológicamente sexuados. El niño construye su *identidad sexual,* elemento capital de su identidad social, al mismo tiempo que construye su representación de la división del trabajo entre los sexos, a partir del mismo conjunto socialmente definido de índices inseparablemente biológicos y sociales. Dicho de otro modo, la toma de conciencia de la identidad sexual y la incorporación de las disposiciones asociadas a una definición social determinada de las fijaciones sociales que incumben a los hombres y a las mujeres van a la par con la adopción de una visión socialmente definida de la división sexual del trabajo. (...) Ello se ve muy claramente en las equivalencias que establece entre la posición en la división del trabajo y la posición en la división entre los sexos, y que sin duda no son propias de las sociedades donde las divisiones producidas por esos dos principios coinciden casi perfectamente: en una sociedad dividida en clases,

> todos los productos de un agente determinado hablan inseparable y
> simultáneamente, por una *sobredeterminación* esencial, de la clase
> (o, más precisamente, de su posición dentro de la estructura social
> y de su trayectoria, ascendente o descendente), y de su cuerpo, o,
> más precisamente, de todas las propiedades, siempre socialmente
> calificadas, de las que es portador, propiedades sexuales desde
> luego, pero también físicas, elogiadas, como la fuerza o la belleza,
> o estigmatizadas (Bourdieu, 2007, p. 126-128).

Pero Pierre Bourdieu también se permite articular en su recomposición teórica el materialismo histórico y la teoría de la sexualidad, como categorías hacedoras en su conjunto del yo social. –Desde nuestra perspectiva– este hecho supone una negación de los determinismos propuestos por estas corrientes de pensamiento; así como, una visible influencia –no anexionista– proveniente de las metateorías y concepciones sobre la mujer propuestas por los filósofos de la sospecha Karl Marx y Sigmund Freud.

Así mismo, –si bien no contamos con la evidencia capaz de respaldar nuestras consideraciones dado que nuestro autor en estudio no lo haría explícito en su obra– podemos inferir que hace una breve referencia crítica al pensamiento sobre la mujer presente en la que hemos denominado etapa pasional o misógina de Friedrich Nietzsche sobre el denominado *Eterno femenino*; pues, Bourdieu rechaza categóricamente esta noción, considerando al respecto que el mito del eterno femenino no es más que un producto del proceso histórico de eternización, el cual, contribuye a "eternizar, ratificándola, una representación conservadora de la relación entre los sexos" (Bourdieu, 2000, p. 14). Bourdieu además advierte que: "la referencia a la etnología, (…) es sospechosa de ser un medio de restablecer, bajo apariencias científicas, el mito del «eterno femenino» (o masculino) o, más grave, de eternizar la estructura de la dominación masculina describiéndola como invariable y eterna" (Bourdieu, 2000, p. 50).

b) *Etapa crítica*

La etapa crítica sobre los géneros en la obra de Pierre Bourdieu, se hace presente 12 anos después de expuestas sus primeras consideraciones al respecto. Bourdieu retoma sus reflexiones sobre el tema en 1992 con una entrevista posteriormente editada como ensayo bajo el título "Lenguaje, género y violencia simbólica" en el libro *Una invitación a la sociología reflexiva* escrito en coautoría con Loïc Wacquant.

En este trabajo Bourdieu mantiene una postura de reconocimiento de la situación de subordinación social de la mujer, y profundiza sus reflexiones respecto al papel de la socialización en el proceso de construcción de las desigualdades de género.

> El trabajo de socialización tiende a producir una somatización progresiva de las relaciones de dominación de género a través de una doble operación: por medio de la construcción social de la visión del sexo biológico que sirve como fundamento, por su parte, de las visiones míticas del mundo, y a través de la inculcación de una *hexis* corporal que constituye una verdadera *política encarnada*. En otras palabras, la sociodicea masculina debe su eficacia específica al hecho de que legitima una relación de dominación inscribiéndola en una biológica, que es a su vez una construcción social biologizada. Este doble trabajo de inculcación, al mismo tiempo sexualmente diferenciado y diferenciador, impone a hombres y mujeres diferentes conjuntos de disposiciones con respecto a los juegos que se suponen cruciales para la sociedad, como los juegos de honor y de guerra (adecuados para el despliegue de masculinidad, de virilidad) o, en las sociedades avanzadas, todos los juegos más valorados como la política, los negocios, la ciencia, etc. La masculinización de los cuerpos masculinos y la feminización de los femeninos producen una somatización de lo arbitrario cultural que es la construcción perdurable del inconsciente (Bourdieu, 2005, p. 246).

Empero, pese al énfasis otorgado a los procesos de socialización con respecto a las desigualdades de género y la dominación masculina, en este texto el autor atribuye a dicho hecho social un carácter causal y consecuencial dialéctico, a partir del rescate de las categorías de *dominadores* y *dominados* previamente abordadas.

> La dominación de género muestra mejor que ningún otro que *la violencia simbólica se realiza a través de un acto de conocimiento y de desconocimiento que yace más allá —o por debajo— de los controles de la conciencia y de la voluntad,* en las tinieblas de los esquemas del habitus que son al mismo tiempo *genéricos y generadores* [*"gendered and gendering",* es decir, producto y productores de género]. Y demuestra que no podemos comprender la violencia y la práctica simbólica sin abandonar por completo la oposición académica entre coerción y consentimiento, imposición externa e impulso interno (Bourdieu, 2005, p. 245).

En este punto, Pierre Bourdieu asume la dominación masculina no solo como producto de los procesos de socialización impuestos a hombres y mujeres, sino también como consecuencia del consentimiento consciente e inconsciente de esta dominación, manifiestos en prácticas específicas internalizadas y reproducidas como habitus social.

Estas concepciones serían posteriormente retomadas y profundizadas en su obra de 1998 *La dominación masculina* afirmando que:

> Cuando los dominados aplican a lo que les domina unos esquemas que son el producto de la dominación, o, en otras palabras, cuando sus pensamientos y sus percepciones están estructurados de acuerdo con las propias estructuras de la relación de dominación que se les han impuesto, sus actos de *conocimiento* son, inevitablemente, unos actos de *reconocimiento,* de sumisión. Pero por estrecha que sea la correspondencia entre las realidades o los procesos del mundo natural y los principios de visión y de división que se les aplican, siempre queda lugar para una *lucha cognitiva* a propósito del sentido de las cosas del mundo y en especial de las realidades sexuales (Bourdieu, 2000, p. 26).

Es decir:

> La representación androcéntrica de la reproducción biológica y de la reproducción social se ve investida por la objetividad de un sentido común, entendido como consenso práctico y dóxico, sobre el sentido de las prácticas. Y las mismas mujeres aplican a cualquier realidad y, en especial, a las relaciones de poder en las que están atrapadas, unos esquemas mentales que son el producto de la asimilación de estas relaciones de poder y que se explican en las oposiciones fundadoras del orden simbólico. Se deduce de ·ahí que sus actos de conocimiento son, por la misma razón, unos actos de reconocimiento práctico, de adhesión dóxica, creencia que no tiene que pensarse ni afirmarse como tal, y que "crea" de algún modo la violencia simbólica que ella misma sufre (Bourdieu, 2000, p. 49).

No obstante, conscientes de que estas consideraciones de Pierre Bourdieu pudiesen ser entendidas como sexistas por algunos sectores del pensamiento feminista al colocar en las mujeres una significativa cuota de responsabilidad por la situación de exclusión y subordinación a la que se encuentran expuestas y sometidas en el complejo societal, nos permitimos reconocer y validar la postura interpretativa del autor.

Bourdieu nos propone un nuevo paradigma en lo que refiere al tratamiento de los géneros al considerar que –desde nuestra perspectiva– la victimización y exención de responsabilidad en la mujer la despoja de autodeterminación y capacidades de decisión. Al mismo tiempo, creemos que la prolongación de dichas concepciones supone la reproducción del esquema interpretativo patriarcal en el cual a la mujer se considera y define como ser pasivo, desprovista de autonomía e independencia, limitando sus capacidades para la acción y la transformación social.

Aunado a ello –y lo cual aparece como uno de los aspectos más novedosos en la teoría bourdieuiana, así como, en los estudios de género hasta ese momento realizados– Bourdieu incorpora a sus reflexiones sobre este ámbito de estudio los condicionamientos y constricciones de una organización social patriarcal y androcéntrica también experimentadas por los hombres desde su condición de privilegio arbitrariamente otorgada, afirmando que:

> Si las mujeres, sometidas a un trabajo de socialización que tiende a menoscabarlas, a negarlas, practican el aprendizaje de las virtudes negativas de abnegación, resignación y silencio, los hombres también están prisioneros y son víctimas subrepticias de la representación dominante. Al igual que las tendencias a la sumisión, aquellas que llevan a reivindicar y a ejercer una dominación no están inscritas en la naturaleza y tienen que estar construidas por un prolongado trabajo de socialización, o sea, como hemos visto, de diferenciación activa en relación con el sexo opuesto. (…) [Por lo cual] el privilegio masculino no deja de ser una trampa y encuentra su contrapartida en la tensión y la contención permanentes, a veces llevadas al absurdo, que impone en cada hombre el deber de afirmar en cualquier circunstancia su virilidad. (…) [Pues] la virilidad tiene que ser revalidada por los otros hombres, en su verdad como violencia actual o potencial, y certificada por el reconocimiento de la pertenencia al grupo de los "hombres auténticos" (Bourdieu, 2000, p. 67-70).

Ahora bien, estas reflexiones expuestas por Bourdieu en sus obras, *Lenguaje, género y violencia simbólica* y *La dominación masculina*, estarían acompañadas de una fuerte crítica al feminismo y su desatención relativa a las desigualdades de género desde lo simbólico "dimensión paradójica de la dominación simbólica, una casi siempre descuidada por la crítica feminista: la de dominante dominado por su dominación" (Bourdieu, 2005, p. 247). El autor pone de manifiesto el hecho de que la violencia simbólica no solo ha sido desatendida por el pensamiento feminista, sino además desprovisto de su importancia y subordinada frente a otras formas de violencia.

> Al tomar "simbólico" en uno de sus sentidos más comunes, se supone a veces que hacer hincapié en la violencia simbólica es minimizar el papel de la violencia física y (hacer) olvidar que existen mujeres golpeadas, violadas, explotadas, o, peor aún, querer disculpar a los hombres de tal forma de violencia. Cosa que, evidentemente, no es cierta. Al entender "simbólico" como opuesto a real y a efectivo, suponemos que la violencia simbólica sería una violencia puramente "espiritual" y, en definitiva, sin efectos reales (Bourdieu, 2000, p. 50).

Así mismo, Bourdieu haría un fuerte cuestionamiento al carácter reductivo del tratamiento de la dominación dada por el feminismo, al circunscribirlo de manera predominante al ámbito privado.

> La perpetuación de esta relación de dominación no reside realmente, o no fundamentalmente, en uno de los lugares más visibles de su ejercicio, es decir, en el seno de la unidad doméstica, sobre la cual determinado discurso feminista ha concentrado todas sus miradas, *sino* en unas instancias tales como la Escuela o el Estado –lugares de elaboración y de imposición de principios de dominación que se practican en el interior del más privado, de los universos (Bourdieu, 2000, p. 14).

Sin embargo, pese al carácter crítico y cuestionador en relación al limitado abordaje y tratamiento de las desigualdades de género y la dominación masculina por parte del feminismo, el sociólogo contemporáneo Pierre Bourdieu reconoce los esfuerzos realizados por el movimiento feminista en pro de la equidad; esfuerzos que para este han dado resultado en la penetración de algunos espacios prácticos e ideológicos hasta entonces negados.

> Es indudable que el cambio principal consiste en que la dominación masculina no se haya impuesto con la evidencia de la obviedad. Esto se debe sobre todo al inmenso trabajo crítico del movimiento feminista que, por lo menos en algunas regiones del espacio social, ha conseguido romper el círculo del refuerzo generalizado (Bourdieu, 2000, p. 111).

Estas consideraciones llevarían a nuestro autor a lo que hemos denominado la etapa propositiva; con la cual pretendió visibilizar elementos por atender por parte del feminismo, así como, proporcionar herramientas para la eficiente transformación social y superación de la dominación masculina.

c) Etapa propositiva

En esta última etapa de los estudios de género de Pierre Bourdieu que hemos caracterizado como propositiva, el autor iniciaría sus consideraciones reconociendo el progresivo proceso de transformación de la situación social de la mujer. Propiciado fundamentalmente gracias a los esfuerzos de los movimientos feministas y el permanente cuestionamiento de las estructuras que mantienen la dominación masculina.

> Es indudable que el cambio principal consiste en que la dominación masculina no se haya impuesto con la evidencia de la obviedad.

Esto se debe sobre todo al inmenso trabajo crítico del movimiento feminista que, por lo menos en algunas regiones del espacio social, ha conseguido romper el círculo del refuerzo generalizado; tal dominio aparece a partir de ahora, en muchas ocasiones como algo que hay que defender o justificar, algo de lo que hay que defenderse o justificarse. El cuestionamiento de las evidencias va acompañado de las profundas transformaciones que ha conocido la condición femenina, sobre todo en las categorías sociales más favorecidas: por ejemplo, el mayor acceso a la enseñanza secundaria y superior, al trabajo asalariado y, a partir de ahí, a la esfera pública; o también el distanciamiento respecto a las labores domésticas y las funciones de reproducción (relacionadas con el progreso y con la utilización de las técnicas contraconceptivas y con la reducción de la dimensión de las familias), especialmente con el retraso en la edad de contraer matrimonio y de procrear, la disminución de la interrupción de la actividad profesional como motivo del nacimiento de un niño, así como el aumento de la tasa de divorcio y la disminución de las tasas de nupcialidad. (...) Respecto al resto, los mismos cambios de la condición femenina obedecen siempre a la lógica del modelo tradicional de la división entre lo masculino y lo femenino. Los hombres siguen dominando el espacio público y el campo de poder (especialmente económico, sobre la producción) mientras que las mujeres permanecen entregadas (de manera predominante) al espacio privado (doméstico, espacio de la reproducción), donde se perpetúa la lógica de la economía de los bienes simbólicos, o en aquellos tipos de extensiones de ese espacio llamados servicios sociales (hospitalarios especialmente) y educativos o también en los universos de producción simbólica (espacio literario, artístico, periodístico, etc.) (Bourdieu, 2000, p. 111-117).

Ahora bien, a partir de dichas observaciones –y a diferencia de los autores hasta el momento trabajados en este proceso investigativo– el sociólogo contemporáneo trasciende la dimensión contemplativa para asumir una actitud propositiva y resolutiva con respecto a la transformación de la situación de desigualdad entre los géneros, la cual se desarrolla principalmente en detrimento de las mujeres.

Al respecto Pierre Bourdieu –frente al proceso de deshistorización y eternización de la diferencia sexual promovida por los diversos agentes socializadores e instituciones, así como, por el pensamiento sociofilosófico entre los que destacan las concepciones sobre la mujer de los filósofos de la sospecha Friedrich Nietzsche y Sigmund Freud– propone en primer lugar, como mecanismo de reversión de la desigualdad por razones de género, la neutralización de la historia hegemónica.

Contra estas fuerzas históricas de deshistorización debe orientarse prioritariamente una empresa de movilización que tienda a volver a poner en marcha la historia, neutralizando los mecanismos de neutralización de la historia. Movilización típicamente política que abriría a las mujeres la posibilidad de una acción colectiva de resistencia, orientada hacia unas reformas jurídicas y políticas (Bourdieu, 2000, p. 8).

En segundo lugar, propone una revolución de lo simbólico, es decir, de desmitificación y deconstrucción de las significaciones otorgadas a los géneros y naturalizadas a través de los procesos de socialización ejercidos por las grandes estructuras organizativas de lo social.

> La liberación de las mujeres sólo puede provenir de una acción colectiva dirigida hacia una lucha simbólica capaz de desafiar prácticamente el acuerdo inmediato sobre las estructuras encarnadas y objetivas, es decir, una revolución sistemática que cuestione los fundamentos mismos de la producción y reproducción del capital simbólico, y en particular, la dialéctica de pretensión y distinción que está en la raíz de la producción y el consumo de bienes culturales como signos de distinción (Bourdieu, 2005, p. 248).

El autor se desvincula de la propuesta marxista de transformación del modo de producción como mecanismo para la transformación de las relaciones de inequidad –principalmente de género– presentes en la dinámica organizativa contemporánea; considerando entonces que la transformación debe ser de carácter simbólico, si bien en el contexto del modo de producción instaurado.

Bourdieu afirma que la revolución simbólica propuesta, demandada y promovida por el movimiento feminista debe trascender la sensibilización como acto cognitivo de transformación social, es decir:

> La revolución simbólica que reclama el movimiento feminista no puede limitarse a una simple conversión de las conciencias y de las voluntades. Debido a que el fundamento de la violencia simbólica no reside en las conciencias engañadas que bastaría con iluminar, sino en unas inclinaciones modeladas por las estructuras de dominación que las producen, la ruptura de la relación de complicidad que las víctimas de la dominación simbólica conceden a los dominadores sólo puede esperarse de una transformación radical de las condiciones sociales de producción de las inclinaciones que llevan a los dominados a adoptar sobre los dominadores y sobre ellos mismos un punto de vista idéntico al de los dominadores (Bourdieu, 2000, p. 58).

Así mismo, el autor cuestiona el tratamiento feminista de la situación social de la mujer desde la etnografía y la historiografía; no obstante, propone una orientación teórica práctica al respecto:

> La investigación histórica no puede limitarse a describir las
> transformaciones en el transcurso del tiempo de la condición de
> las mujeres, ni siquiera la relación entre los sexos en las diferentes
> épocas. (...) Una "historia de las mujeres" que intente demostrar,
> aunque sea a pesar suyo, una gran parte de las constantes y las
> permanencias, está obligada, si quiere ser consecuente, a dejar un
> espacio, y sin duda el más importante, a *la historia de los agentes
> y de las instituciones que concurren permanentemente a asegurar
> esas permanencias*. Iglesia, Estado, Escuela, etc., y que pueden ser
> diferentes, a lo largo de las diferentes épocas, en su peso relativo
> y sus funciones. No puede limitarse, por ejemplo, a registrar la
> exclusión de las mujeres de tal o cual profesión, de tal o cual-esca-
> lafón, de tal o cual disciplina; también debe certificar y explicar la
> reproducción y las jerarquías (profesionales, disciplinarias, etc.) y
> las disposiciones jerárquicas que favorecen y que llevan a las mujeres
> a contribuir en su exclusión de los lugares de los que ellas están en
> cualquier caso excluidas (Bourdieu, 2000, p. 104-105).

No obstante, el sociólogo Pierre Bourdieu también pondría de
manifiesto para la reflexión los posibles efectos o consecuencias im-
previstas emanadas de la investigación.

> La divulgación del análisis científico de una forma de dominación
> tiene necesariamente unos efectos sociales pero que pueden ser de
> sentidos opuestos. Puede reforzar simbólicamente la dominación
> cuando sus verificaciones parecen recuperar o retocar el discur-
> so dominante (cuyos veredictos negativos adoptan a menudo las
> apariencias de un mero registro verificador), o bien contribuir a
> neutralizarlo (Bourdieu, 2000, p. 137).

Pese a ello, alerta a no desestimar los esfuerzos teóricos-meto-
dológicos, ni sucumbir en nombre de la militancia y la voluntad de
transformación al pensamiento mítico y el anti-cientificismo emergente.

> El analista podría sentir la tentación de invocar simplemente su
> buena fe si no supiera que, en materias tan sensibles, la buena
> fe no basta; tampoco, por otra parte, la convicción militante que
> inspira tantos textos dedicados a la condición femenina (y que
> está en el principio del interés por unos objetos hasta entonces
> ignorados u olvidados). No sabríamos, en efecto, sobrevalorar los
> peligros a *los* que se expone cualquier proyecto científico que se
> deja imponer su objeto por unas consideraciones extremas, por
> nobles y generosas que sean. Las "buenas causas" no pueden
> servir de justificación epistemológica y dispensar del análisis
> reflexivo que obliga a veces a descubrir que el bienestar de los
> "buenos sentimientos" no excluye necesariamente el interés por
> los beneficios asociados a los "buenos combates" (lo que no signifi-

ca del todo que, como se me ha hecho decir a veces, "todo proyecto militante es a-científico") (Bourdieu, 2000, p. 137).

Es a partir de dichas consideraciones que es posible inferir que la intervención del autor en este ámbito de estudio persigue dotar de carácter científico y sociológico los asuntos relativos al género, sin embargo, reconociendo el impulso del pensamiento feminista antecesor para su incursión en dicho ámbito.

> Si, por tanto, me he aventurado, después de muchos titubeos y con el mayor de los temores, por un terreno extremadamente difícil y casi enteramente monopolizado ahora por las mujeres, es por la sensación de que la relación de exterioridad en la simpatía en la que yo estaba situado podía permitirme producir, apoyándome en las adquisiciones del inmenso trabajo estimulado por el movimiento feminista, así como en los resultados de mi propia investigación a propósito de las causas y de los efectos sociales de la dominación simbólica, un análisis capaz de orientar de otra manera la investigación sobre la condición femenina o, de manera más *relacional,* sobre las relaciones entre los sexos, y la acción destinada a transformarlos (Bourdieu, 2000, p. 140).

Ahora bien, Pierre Bourdieu propone como línea de acción imprescindible e impostergable la incorporación de los hombres al movimiento de transformación y superación de las desigualdades de género, afirmando que:

> Desvelar los efectos que la dominación masculina ejerce sobre los hábitos masculinos, no es, como algunos podrían creer, intentar disculpar a los hombres, es explicar que el esfuerzo para liberar a las mujeres de la dominación, o sea, de las estructuras objetivas y asimiladas que se les imponen, no pueden avanzar sin un esfuerzo por liberar a los hombres de esas mismas estructuras que hacen que ellos contribuyan a imponerlas (Bourdieu, 2000, p. 138-139).

Finalmente, el autor propone la superación y trascendencia de las luchas individuales para la conformación de movimientos sociales de carácter político, orientado a la organización colectiva de las demandas individuales, es decir:

> Convocar a las mujeres a comprometerse en una acción política que rompa con la tentación de la revuelta introvertida de los pequeños grupos de solidaridad y de apoyo mutuo, por necesarios que sean en las vicisitudes de las luchas cotidianas, en la casa, en la fábrica o en la oficina, hacer eso no es, como podría creerse, y temer, invi-

tarlas a aliarse acríticamente con las formas y normas ordinarias del combate político, con el peligro de encontrarse anexionadas o sumergidas en movimientos ajenos a sus preocupaciones y sus propios intereses. Es desear que ellas sepan trabajar en inventar e imponer, en el mismo seno del movimiento social, y apoyándose en las organizaciones nacidas de la rebelión contra la discriminación simbólica, de las que son, junto con lo(a)s homosexuales, uno de los blancos privilegiados, unas formas de organización y de acción colectivas y unas armas eficaces, simbólicas especialmente, capaces de quebrantar las instituciones, estatales y jurídicas, que contribuyen a eternizar su subordinación. (...) Sólo una acción política que tome realmente en consideración todos los efectos de dominación que se ejercen a través de la complicidad objetiva entre las estructuras asimiladas (tanto en el caso de las mujeres como en el de los hombres) y las estructuras de las grandes instituciones en las que se realiza y se reproduce no sólo el orden masculino, sino también todo el orden social (comenzando por el Estado, estructurado alrededor de la oposición entre su "mano derecha", masculina, y su "mano izquierda", femenina, y la Escuela, responsable de la reproducción efectiva de todos los principios de visión y de división fundamentales, y organizada a su vez alrededor de oposiciones homólogas) podrá, sin duda a largo plazo, y amparándose en las contradicciones inherentes a los diferentes mecanismos o instituciones implicados, contribuir a la extinción progresiva de la dominación masculina (Bourdieu, 2000, p. 8-9, 141).

Consideraciones que nos permiten evidenciar una significativa influencia del pensamiento del filósofo de la sospecha Karl Marx en los estudios de género propuestos por el sociólogo contemporáneo Pierre Bourdieu, para quien el acto resolutivo por excelencia consiste en la revolución de las estructuras, la confrontación del modelo, y la acción política organizada de los movimientos sociales.

A modo de síntesis

La propuesta teórica del sociólogo contemporáneo Pierre Bourdieu se desarrolla desde una perspectiva dialéctica, al intentar restablecer los vínculos entre las estructuras objetivas y los fenómenos subjetivos como constitutivos de lo social.

Para el autor, si bien las grandes estructuras, instituciones y agentes socializadores condicionan y orientan las relaciones sociales, los sujetos mediante sus procesos subjetivos y acciones estructuradas también habrán de incidir en dichas estructuras por medio de sus acciones estructurantes. Para Bourdieu la sociedad constituye al sujeto, pero el sujeto también constituye la sociedad.

Aunado a ello, Pierre Bourdieu puede ser considerado como un determinista social, para quien los históricamente enarbolados determinismos biológicos-naturales carecen de validez. Para el sociólogo no hay una naturaleza del ser humano; hay necesidades e intereses sociales naturalizados, transmitidos como tales a través de los procesos de socialización, y finalmente internalizados y operacionalizados por los sujetos como habitus.

Es desde esta perspectiva que Pierre Bourdieu incursiona en los estudios de género con sus obras *La creencia y el cuerpo, Lenguaje, género y violencia simbólica,* y *La dominación masculina*; en los cuales abordó de manera exhaustiva los condicionamientos de género, las desigualdades sociales experimentadas por hombres y mujeres como consecuencia de la naturalización de un hecho social, y su materialización definitiva en la dominación masculina.

Ahora bien, es el análisis al que sometimos los estudios de género de Bourdieu lo que nos permitió categorizar la obra del autor en tres grandes etapas a las cuales atribuimos el carácter de reflexivo, crítico y propositivo respectivamente.

En esta primera etapa, considerada reflexiva, el autor intentaría develar los procesos causales que intervienen y sobre los que se ampara para su ejercicio y mantenimiento la dominación masculina. Bourdieu pone en evidencia que si bien este es un fenómeno multifactorial, se erigen frente a ella la biologización de lo social, la división sexual del trabajo y la socialización sexista de lo simbólico; expresado en las concepciones, imaginarios, discursos, esquemas motrices y automatismos corporales que conforman el sentido común y regulan los procesos interactivos con el concurso de las diversas instituciones sociales de gran influencia como el Estado, la Escuela y la Iglesia.

Por su parte, las etapas críticas y propositivas de los estudios de género de Pierre Bourdieu se orientaron fundamentalmente al reconocimiento del progresivo proceso de transformación en lo que refiere a la situación social de la mujer producto de los esfuerzos y demandas del movimiento feminista. No obstante, criticaría la desatención por parte de este movimiento de ámbitos de gran envergadura partícipes del fenómeno de la dominación masculina, frente a lo cual propone algunas líneas de acción y actos resolutivos que −desde su perspectiva− habrán de contribuir a la superación de la dominación masculina y entre los que destacan: la neutralización de la historia hegemónica, la desarticulación de las construcciones simbólicas, la investigación científica, la incorporación de los hombres al movimiento de transformación social y la organización y movilización política.

Ahora bien, en los estudios de género del sociólogo contemporáneo Pierre Bourdieu no fue posible rastrear influencias o establecer un diálogo con la concepción de la mujer de Friedrich Nietzsche, con excepción del categórico rechazo de Bourdieu a la premisa del eterno femenino por este exaltada. Este hecho pudiera ser interpretado como una manifestación frente a las consideraciones de carácter sexista y pasional desarrolladas en la última etapa del pensamiento del mencionado filósofo de la sospecha, línea de pensamiento sobre la cual Bourdieu fijaría una postura abiertamente crítica.

No obstante, es posible evidenciar una influencia de tipo no anexionista a las metateorías y concepciones sobre la mujer propuestas por los filósofos de la sospecha Karl Marx y Sigmund Freud; siendo este último quien ejercería una mayor influencia en los estudios de género de nuestro autor manifiesto en los intentos de deconstrucción de la concepción biologicista y genitalizada de Freud. Además, es posible rastrear la implementación por parte de Bourdieu de las consideraciones de Freud como impulso para la reelaboración de una teoría de género desbiologizada y desgenitalizada.

Capítulo 6. Las relaciones de género en el juggernaut según Anthony Giddens

Introducción

La propuesta teórica desarrollada por Anthony Giddens, si bien se nutre de diversas corrientes de pensamiento, se ha destacado por la definición de ámbitos desatendidos por otros autores. Este hecho favoreció la edificación de la teoría de la estructuración y la colocación de su atención en los fenómenos contemporáneos por excelencia: la modernidad y la globalización, así como, el impacto de estos en la vida personal.

Esta propuesta teórica sería construida a partir de grandes categorías de análisis entre las que destaca el *"Juggernaut"*, el cual describe la cambiante sociedad actual en una fase avanzada de la modernidad, como crítica a la idea de la posmodernidad la cual —según el autor— no ha sido alcanzada aún por la sociedad.

> Un motor de enorme potencia desbocado que, colectivamente como seres humanos, hasta cierto punto podemos conducir, pero que también amenaza con perder el control y hacerse pedazos. El juggernaut aplasta lo que se le resiste, y aunque a veces parece seguir una trayectoria regular, hay momentos en los que gira erráticamente en direcciones que no podemos prever. La carrera no es en absoluto totalmente desagradable ni carece de recompensas; con frecuencia puede ser estimulante y estar cargada de grandes esperanzas. Pero, mientras las instituciones de la modernidad duren, no seremos nunca capaces de controlar completamente ni su trayectoria ni el ritmo del viaje. A su vez, nunca podremos sentirnos completamente seguros porque el terreno por el que corre está cargado de riesgos con serias consecuencias (Giddens en Ritzer, 2002, p. 522).

No obstante, esta modernidad propuesta por Giddens según George Ritzer (2002) se organiza en torno a 4 instituciones sociales básicas, entre ellas:

- *El capitalismo,* el cual se caracteriza por la producción de mercancías, la propiedad privada del capital, el trabajo asalariado no propietario y el sistema de clases derivado de estas características.
- *El industrialismo,* que implica el uso de fuentes inanimadas y maquinaria para producir bienes.
- *La capacidad de vigilancia,* refiere a la supervisión de las actividades de las poblaciones súbditas [principal, pero no exclusivamente] en la esfera política.
- *El control de los medios de violencia,* incluye el poder militar y la industria de la guerra.

Es entonces en la modernidad capitalista, industrializada y represiva en que emerge la globalización, a la que Giddens (2000) atribuye la condición de "política, tecnológica y cultural, además de económica". Pero estos fenómenos –modernidad y globalización– para el autor se desarrollan desde una perspectiva dialéctica; es decir, capaces de influenciar la construcción de la identidad individual, así como, capaces de contribuir a la definición y organización de la intimidad, pero siendo la modernidad y la globalización a su vez influenciados por las identidades individuales y las formas de intimidad establecidas.

Es en el contexto de estas teorías que Anthony Giddens incursiona en los estudios de género, ámbito en el cual cobraría una importancia fundamental pues, contrario a los sociólogos contemporáneos antecesores que abordaron la situación de los géneros a partir de grandes categorías, Giddens situaría el fenómeno de la desigualdad social existente entre hombres y mujeres tempo- espacialmente en el juggernaut o etapa avanzada de la modernidad. Esta perspectiva necesariamente lo obligó a colocar la atención en escenarios específicos de la sociedad actual en los que se desarrollan, se realizan, manifiestan e interactúan las relaciones de género.

Vida y obra

Anthony Giddens nació en la ciudad de Monton, Reino Unido el 18 de enero de 1938, en el seno de una familia de tipo nuclear de clase media baja. Su padre fue empleado público en el servicio de transporte

London Passenger Transport Board, y su madre se mantuvo frente al rol doméstico a tiempo completo.

En 1956 ingresó a la Universidad de Hull y egresó en 1959 con la licenciatura en psicología y sociología. Realizó una maestría en sociología en la London School of Economics (institución de la que más tarde sería Director desde el año 1997 hasta el 2003) con una tesis sobre el deporte en la Inglaterra contemporánea, obteniendo posteriormente el grado de Doctor en la Universidad de Cambridge en el año 1974.

Durante este periodo es posible inferir que Giddens se aproximó a las obras de los filósofos de la sospecha en estudio: Karl Marx quien tendría una significativa influencia en su trabajo; al pensamiento de Friedrich Nietzsche a través de Max Weber quien fuese uno de sus autores más referenciados, así como la lectura directa de las obra de Sigmund Freud que más tarde constituirían la base de sus reflexiones sobre el cuerpo y la sexualidad.

En 1961 iniciaría su carrera docente como profesor de psicología social en la Universidad de Leicester; entre 1968 y 1969 enseñó sobre teoría sociológica en la University of California Los Ángeles (UCLA), comenzando ese mismo año a dictar cases en la Universidad de Cambridge donde su ascenso a profesor titular sería rechazado en nueve oportunidades hasta 1987.

Entre sus diversas publicaciones destacan: *Política y sociología en Max Weber* (1972), *La estructura de clases en las sociedades avanzadas* (1973), *La constitución de la sociedad* (1984), *El Estado-Nación y la violencia* (1985), *Teoría social y sociología moderna* (1987), *Sociología* (1989), *Consecuencias de la modernidad* (1990), *Modernidad e identidad del yo, la transformación de la intimidad* (1992), *Sociología más allá de la izquierda y la derecha* (1994), *En defensa de la sociología* (1996), *La tercera vía y sus críticos* (2001) entre otras.

En 1985 incursionó en el ámbito editorial como co-fundador de la Editorial Polity Press; y tras la caída del muro de Berlín en 1989 también participó en el ámbito político con la propuesta de renovación de la socialdemocracia en el contexto de la globalización mediante lo que llamó "la tercera vía".

Aunado a ello, Anthony Giddens ha sido miembro de la Academia Rusa de Ciencias, miembro honorario de la Academia China de Ciencias Sociales, y del Instituto de Investigación de Política Pública.

Así mismo, su trabajo ha sido reconocido con 13 Doctorados Honoris Causa; pero también galardonado con la Orden de la Cruz del Sur de Brasil, la Cruz de la Orden del Infante don Henrique de Portugal y el Premio Príncipe de Asturias en Ciencias Sociales en el año 2002.

Los estudios de género

Los estudios de género de Anthony Giddens serían desarrollados por casi una década en sus textos *Sociología* publicado en 1991, *La transformación de la intimidad* 1992, y finalmente en *Un mundo desbocado* publicado en el año 1998.

En estas obras se haría presente la conformación de una teoría de género sociológica, sobre la base de la concepción antropofilosófica mantenida por nuestro sociólogo contemporáneo en estudio; específicamente en su texto *La constitución de la sociedad. Bases para la teoría de la estructuración* de 1984 rescataría la condición constrictiva y habilitadora de las estructuras, así como la capacidad del sujeto para intervenir e introducir cambios en el mundo social.

Estas deferencias se harían manifiestas en su teoría de género, en la cual asumiría los condicionamientos de género como un producto de los procesos de socialización, razón por la que pueden ser transformadas mediante la subversión individual y las políticas públicas. Consideraciones a las que pudimos acceder y categorizar en tres etapas: conceptual, develadora y propositiva.

a) Etapa conceptual

La primera etapa de los estudios de género de Anthony Giddens se inician en 1991 con una breve reflexión de carácter conceptual en el apartado denominado "Genero y sexualidad" en el manual *Sociología*.

En este texto Giddens reflexionaría tímidamente sobre algunos conceptos ya trabajados desde el feminismo pero poco explorados por la teoría sociológica contemporánea; fundamentalmente con la intención de aclarar las confusiones aún existentes en la comunidad sociológica sobre las diferencias entre sexo y género.

> Mientras que sexo se refiere a las diferencias físicas del cuerpo, género alude a las diferencias psicológicas, sociales y culturales entre los hombres y las mujeres. La distinción entre sexo y género es fundamental, ya que muchas diferencias entre varones y hembras no son biológicas en origen (...) las diferencias en el comportamiento de hombres y mujeres se desarrollan principalmente mediante el aprendizaje social de las identidades femenina y masculina (Giddens, 2000, p. 131-132).

Con esta afirmación Giddens se desvincula del determinismo dominante en el pensamiento sociofilosófico sobre las diferencias entre hombres y mujeres, entre los que destacaron los filósofos de la sospecha Friedrich Nietzsche y Sigmund Freud.

Para Giddens, por el contrario, estas diferencias se establecen como producto de los procesos de socialización en los cuales, no solo le son otorgadas características diferenciadas a los sexos, sino que es construida su identidad de género.

Además, al igual que en la obra de Pierre Bourdieu, se haría visible un rechazo a la adhesión al pensamiento del filósofo de la sospecha Sigmund Freud sobre el complejo de Edipo como elemento constitutivo de la identidad sexual del niño y la niña; al afirmar que los condicionamientos de género tienen una existencia previa a estos y son reforzados a través de múltiples y diversos dispositivos sociales diferenciadores.

> Los aspectos de aprendizaje temprano del género de los niños son casi con toda seguridad inconscientes. Preceden a la fase en la que los niños son capaces de etiquetarse a sí mismos como *niño* o *niña*. Una serie de claves preverbales constituyen el desarrollo inicial de la conciencia de género. Los adultos varones y hembras suelen tratar a los niños de distinto modo. Los cosméticos que usan las mujeres contienen esencias distintas de las que los niños aprenden a asociar con los varones. Las diferencias sistemáticas en el vestir, el corte de pelo, etcétera, proporcionan claves visuales al niño en fase de crecimiento (Giddens, 2000, p. 131-132).

Pero, además de destacar la influencia de la unidad familiar con su estructura organizativa y las diferencias manifiestas en los roles, discursos y expresiones corporales, Giddens visibilizaría el hecho de que los condicionamientos de género han de ser reforzados por agentes socializadores como los medios de comunicación y los grupos de pares:

> Los juguetes, los libros con ilustraciones y los programas de televisión con los que los niños entran en contacto tienen a destacar la diferencia de atributos femeninos y masculinos [así mismo] la socialización en los grupos de pares suele jugar un papel importante en el refuerzo y la posterior definición de las identidades de género a lo largo de la trayectoria escolar de un niño. Los círculos de amistades infantiles, dentro y fuera de la escuela, son normalmente masculinos o femeninos (Giddens, 2000, p. 132-133).

Con estas afirmaciones Giddens pondría de manifiesto el carácter vindicativo de su obra; además abriría el camino a los estudios de género en otros ámbitos de acción social, los cuales profundizaría en la segunda etapa de su pensamiento.

b) *Etapa develadora*

Esta segunda etapa de los estudios de género de Anthony Giddens la hemos denominado develadora al ser la obra de mayor extensión del autor sobre este tema, además de caracterizarse por visibilizar algunos elementos de carácter histórico y discursivo sobre los cuales se han fundamentado las desigualdades de género a lo largo del proceso histórico social.

Ahora bien, este periodo del pensamiento de Giddens es inaugurado cronológicamente en su obra *La transformación de la intimidad. Sexualidad, amor y erotismo en las sociedades modernas* publicada en 1992 a tan solo un año de sus primeros aportes a los estudios de género; sin embargo, de acuerdo a un orden lógico y discursivo lo construido y allí expuesto es precedido por lo brevemente planteado en su libro de 1998 *Un mundo desbocado.*

Realizada esta aclaración al lector, es posible referenciar que esta etapa del pensamiento de Anthony Giddens se inicia con la visibilización de las desigualdades de género desde la perspectiva histórica. En ella es posible evidenciar la influencia recibida del filósofo de la sospecha Karl Marx y su colaborador Friedrich Engels en lo que respecta el origen de la dominación sobre las mujeres, encarnada en la figura del matrimonio como mecanismo de preservación y continuidad de la propiedad privada.

> La desigualdad de hombres y mujeres era intrínseca a la familia tradicional. No se debe pasar por alto la importancia de este fenómeno. En Europa las mujeres eran propiedad de sus maridos o padres –vasallos, como recogía la ley–. La desigualdad entre hombres y mujeres se extendía, por supuesto, a la vida sexual. El doble rasero sexual estaba directamente vinculado a la necesidad de asegurar la continuidad del linaje y la herencia. Durante gran parte de la historia los hombres se han valido amplia, y a veces conspicuamente, de amantes, cortesanas y prostitutas. Los más ricos tenían aventuras amorosas con sus sirvientas. Pero los hombres tenían que asegurarse de que sus mujeres fueran las madres de sus hijos. Lo que se ensalzaba en las chicas respetables era la virginidad, y, en las esposas, la constancia y la fidelidad (Giddens, 2000, p. 68).

Así mismo, es posible evidenciar en Giddens la influencia del pensamiento marxiano presente en la obra *La sagrada familia* donde se cuestionaría la moral sexual burguesa. Pero también nos remite a las reflexiones de Sigmund Freud sobre la influencia de la pertenencia de clase en las libertades o restricciones de la sexualidad.

> Excepto en ciertos grupos elegantes o de elite, la sexualidad en la familia tradicional estaba dominada por la reproducción. Era una cuestión de tradición y naturaleza combinadas. La ausencia de contraconcepción eficaz significaba que para la mayoría de las mujeres la sexualidad estaba, inevitablemente, vinculada estrechamente al parto. (…) La sexualidad estaba dominada por la idea de la virtud femenina. El doble rasero sexual se suele considerar una creación de la Inglaterra victoriana. En realidad, en una u otra versión, era básica en todas las sociedades no modernas. Implicaba una visión dual de la sexualidad femenina – una división inequívoca entre la mujer virtuosa, por un lado, y la libertina, por otro–. En muchas culturas la aventura sexual se ha tomado como un rasgo definitorio positivo de la masculinidad (Giddens, 2000, p. 69).

Si bien Anthony Giddens no haría referencia explícita a Karl Marx en su obra, es posible evidenciar –como ya lo hemos mencionado anteriormente– una significativa influencia de sus consideraciones en la obra de este sociólogo contemporáneo. Giddens desarrolla sus reflexiones no desde el capitalismo industrial emergente sobre el que se fundamentó el pensamiento marxiano, sino desde la fase actual y consolidada de ese capitalismo en el contexto de la modernidad.

De igual forma, es posible inferir una estrecha relación entre las consideraciones de Giddens sobre la socialización de la sexualidad femenina con respecto a la concepción sobre la mujer mantenida por Friedrich Nietzsche en la etapa vindicativa de su obra en la que cuestionó abiertamente el hecho de que "Todo el mundo está de acuerdo en educarlas *in erotics* [en asuntos eróticos] lo más ignorantes que sea posible".

Esta adjudicación moral de la mujer sería retomada por Giddens en su texto *La transformación de la intimidad. Sexualidad, amor y erotismo en las sociedades modernas,* afirmando que:

> La mayoría de las mujeres han sido clasificadas como virtuosas o disolutas. Las "mujeres disolutas" han existido sólo en márgenes de la sociedad respetable. La "virtud" se ha definido siempre como el rechazo de una mujer a la tentación sexual, rechazo reforzado por diversas protecciones institucionales, tales como un noviazgo vigilado, matrimonios a la fuerza, etc. (…) De los hombres, en cambio, tradicionalmente siempre se ha considerado –y no sólo lo han hecho ellos mismos– que necesitaban experiencia sexual para su salud física. Generalmente, siempre se ha aceptado que los hombres tengan relaciones sexuales múltiples antes del matrimonio, y la doble moral, también después del matrimonio, ha sido un fenómeno real (Giddens, 1998, p. 16).

Ahora, en lo que concierne a las críticas al amor romántico emitidas por Anthony Giddens en las que lo desmitifica y evidencia como mecanismo ideológico que contribuyó a la desexualización de la mujer y su confinamiento al espacio doméstico, –desde nuestra perspectiva– se presenta como oposición a las nociones de amor –socialmente diferenciadas y socializadas a hombres y mujeres– desarrolladas por Nietzsche en la etapa determinista de su pensamiento sobre la mujer.

> El amor romántico fue esencialmente un amor feminizado. (…) Con la división de esferas, sin embargo, el fomento del amor se hizo tarea predominante de la mujer, las ideas sobre el amor romántico estaban claramente amalgamadas con la subordinación de las mujeres al hogar y con su relativa separación del mundo exterior. Pero el desarrollo de tales ideas fue también una expresión del poder de las mujeres, una aserción contradictoria de autonomía frente a la privación. Para los hombres, las tensiones entre amor romántico y *amour passion* se disolvieron separando el confort del entorno doméstico de la sexualidad de la querida o de la prostituta. El cinismo masculino hacia el amor romántico quedó claramente fomentado por esta división, que implícitamente no dejaba de aceptar la feminización del amor "respetable". La prevalencia del doble patrón no dio a las mujeres esta salida. Aunque la fusión de los ideales del amor romántico y de la maternidad permitiría a las mujeres desarrollar nuevos dominios de intimidad (Giddens, 1998, p. 47-49).

Es decir, estos elementos en su conjunto permitieron la construcción de identidades sexuadas y sexistas mediante la atribución de papeles sexuales, que siguiendo a Giddens se hacían de la siguiente forma:

- Cada individuo asumía su condición de varón o de mujer, sin rol "intermedio".

- Las características físicas y los rasgos de conducta de los individuos eran interpretados como masculinos o femeninos de acuerdo con un esquema definitorio de los papeles sexuales.

- Las reglas de los sexos fueron sopesadas rutinariamente y fijadas dentro de los límites de conducta permisibles establecidos socialmente para los sexos.

- Las diferencias de los papeles sociales así constituidos y reconstituidos fueron aplicadas a la concretización de las identidades sexuales con elementos filtrados de "roles sexuales cruzados".

- Los actores controlaban su propia apariencia y conducta en concordancia con una identidad sexual "naturalmente dada".

Pese a ello, en la actualidad presenciamos la transformación de la sociedad, manifiesta en una revolución sexual, en la cual "las mujeres ya no se pliegan al dominio sexual (...) [y donde] la *sexualidad* hoy ha sido descubierta, se ha hecho abierta y accesible al desarrollo de diversos estilos de vida" (Giddens, 1998, p. 17,23). Revolución que para Anthony Giddens se constituye a partir de cinco (5) aspectos situacionales, entre ellos:

- *La revolución en la autonomía sexual femenina,* producida básicamente en esta época, pero con antecedentes en el siglo pasado. Sus consecuencias para la sexualidad masculina son profundas por eso se puede decir que es en gran parte una revolución inacabada.

- *El florecimiento de la homosexualidad masculina y femenina,* los homosexuales de ambos sexos han establecido una nueva base sexual que sobrepasa con mucho lo más ortodoxo desde el punto de vista sexual. Cada uno de esos procesos tiene relación con el movimiento libertario sexual proclamado por los movimientos sociales de los años sesenta, pero la contribución de este frente libertario a la emergencia de una sexualidad plástica no fue ni necesaria ni particularmente directa.

- *La emergencia de las instituciones concha,* la sexualidad que solía definirse tan estrictamente en relación al matrimonio y a la legitimidad tiene ahora poca conexión con ello. El matrimonio y la familia se han convertido en instituciones conchas, se llaman igual, pero han cambiado en sus características básicas.

- *El desarrollo del amor confluente,* se desarrolla como un ideal en una sociedad en la que casi cada uno tiene la posibilidad de quedar sexualmente satisfecho y presupone la desaparición del cisma entre mujeres "respetables" y las que de alguna forma quedan fuera del ámbito de la vida social ortodoxa. A la inversa del amor romántico el amor confluente no es necesariamente monógamo en el sentido de la exclusividad sexual. Lo que la pura relación implica es la aceptación –por parte de cada miembro de la pareja hasta nuevo aviso– de que cada uno obtiene suficientes beneficios de la relación como para que merezca la pena continuarla. La exclusividad sexual tiene aquí un papel en la relación en el grado en que los emparejados lo juzguen deseable o esencial.

- *El debate intenso sobre la igualdad sexual,* hay pocos países en el mundo donde no haya un debate intenso sobre la igualdad sexual, la regulación de la sexualidad y el futuro de la familia. Y donde no hay discusión abierta es sobre todo porque es reprimida por gobiernos autoritarios o grupos fundamentalistas.

Pero al respecto Giddens se interroga sobre si estas transformaciones en las dinámicas organizativas y relacionales en la dimensión sexo-afectiva han contribuido a superar las prácticas diferenciadas:

> ¿Desean las mujeres sexo? Sí, por primera vez las mujeres en general lo desean, más que como especialistas en una *ars erótica*, y son capaces de buscar el placer sexual como un componente básico de sus vidas y de sus relaciones. ¿Desean amor los hombres? Ciertamente sí, a pesar de las apariencias en contrario; quizás más que la mayoría de las mujeres (Giddens, 1998, p. 67-68).

Con estas afirmaciones se pondría en evidencia la influencia de la obra psicoanalítica freudiana en los estudios de género de Anthony Giddens —no para reproducirla como en el caso de la influencia recibida de Karl Marx— sino para oponerla y deconstruirla. Fundamentalmente aquellos elementos de orden biologicista y sexual —aspectos en los que Giddens concentraría sus reflexiones sobre los géneros— desde una perspectiva abiertamente transformadora y tomando partido por la equidad, al considerar que la diferencia sexual propuesta por Freud es el resultado de los condicionamientos sociales impuestos con mayor fuerza sobre las mujeres.

> "La interpretación de Freud de la sexualidad femenina dejó una huella perdurable en la última literatura psicoanalítica. La sexualidad femenina fue considerada esencialmente como algo pasivo, una opinión que reforzaban los estereotipos corrientes. A la luz de los cambios actuales en la conducta sexual, ha quedado claro que, en el grado en que tal retrato corresponde a la realidad, esto ha sido el resultado de las constricciones sociales que pesan sobre las mujeres más que de características psicosociales duraderas (Giddens, 1998, p. 119).

Pese a ello, el sociólogo a lo largo de su obra reconocería abiertamente la importancia de la obra de Sigmund Freud, al evocar el polémico tema de la sexualidad en una época en la que fue fuertemente vedado.

> La importancia de Freud no fue sólo lograr que la obsesión moderna por el sexo fuese la preocupación más fuerte; sino más bien que Freud revelase las conexiones entre sexualidad y autoidentidad, que eran absolutamente oscuras, y que —a la vez— pusiese de relieve que estas conexiones eran problemáticas (Giddens, 1998, p. 37).

Además, consideraría su teoría de la envidia del pene como elemento fundamental y constitutivo a partir del cual se sentaron las bases del pensamiento feminista y los estudios de género desde una perspectiva psicoanalítica y sociológica.

> Dada la preeminencia de esta noción de deseo del pene, los escritos de Freud parecen poco prometedores como fuente de inspiración para autores feministas. Pero de hecho, el encuentro entre feminismo y psicoanálisis ha probado ser la fuente de contribuciones importantes y originales a la teoría psicológica y social (Giddens, 1998, p. 106).

c) Etapa propositiva

La que hemos categorizado como la tercera etapa del pensamiento sobre los géneros de Anthony Giddens se inicia en las últimas páginas de su texto de 1992 denominado *La transformación de la intimidad. Sexualidad, amor y erotismo en las sociedades modernas.*

El final de esta obra se diferenciaría de sus otras consideraciones al involucrarse en mayor medida con el objeto de estudio; haciéndose manifiestos sus deseos referente a la libertad sexual y personal de los individuos en la sociedad moderna, trascendiendo la orientación enunciativa para profundizar y concretizar su pensamiento a través de las siguientes afirmaciones y propuestas:

- La sexualidad es un terreno fundamental de lucha política y también un medio de emancipación.

- Se hace necesaria una gran cantidad de cambio psíquico.

- No tenemos necesidad de esperar una revolución sociopolítica para elaborar programas de emancipación.

- La transformación de la intimidad fuerza el cambio psíquico, así como el cambio social y este cambio, de arriba abajo, puede ramificarse potencialmente a través de otras instituciones más públicas.

- La emancipación sexual puede ser el medio de lograr una reorganización emocional de amplio espectro de la vida social.

- La convergencia de formas preexistentes de masculinidad y feminidad en un modelo andrógino.

Ahora bien, en estos actos resolutivos propuestos por Anthony Giddens también es posible percibir una influencia del pensamiento de Karl Marx; específicamente en la propuesta dialéctica del tratamiento psíquico y político al que debe someterse las relaciones de género a fin de superar las constricciones impuestas, legitimadas y reproducidas en el complejo societal, si bien colocando el énfasis en las políticas públicas como impulsoras y promotoras de las transformaciones demandadas.

A modo de síntesis

La apuesta teórica del sociólogo contemporáneo Anthony Giddens se desarrolla dentro de la corriente de pensamiento que el mismo iniciaría y le denominase estructuración, orientada fundamentalmente a restituir los vínculos rotos por otras tradiciones de pensamiento, entre la acción y la estructura desde una perspectiva dialéctica.

Es con este enfoque integracionista y en el contexto de la etapa avanzada de la modernidad y la globalización que Giddens incursiona en los estudios de género en la década de los 90 con sus textos *Sociología*, *La transformación de la intimidad* y *Un mundo desbocado*, sobre la base de su concepción antropofilosófica y el pensamiento feminista antecesor con miras a la edificación de una teoría de género sociológica.

Sería desde el análisis hermenéutico que nos permitimos aproximarnos a su propuesta para, además, visibilizar las influencias manifiestas en la adhesión o rechazo a la concepción de la mujer de los filósofos de la sospecha Karl Marx, Friedrich Nietzsche y Sigmund Freud. Con este objetivo procedimos a la categorización do la obra de género de Anthony Giddens en tres grandes etapas, entre ellas:

Una etapa *conceptual*, en la cual reflexionaría someramente sobre los núcleos conceptuales sobre los que se constituyeron los estudios de género y que pondrían de manifiesto su reciente incursión en dicho ámbito de estudio. En este periodo Giddens haría énfasis en aclarar la confusión aún existente en la comunidad sociológica sobre el sexo y el género; además se desvincularía del pensamiento determinista dominante, poniendo de manifiesto el carácter vindicativo de su obra en lo que a la situación social de los géneros se refiere.

Una segunda etapa que hemos considerado *develadora*, en la cual realizaría consideraciones de orden histórico y discursivo sobre las cuales se han fundamentado las desigualdades de género. En este momento de su pensamiento sobre los géneros, el sociólogo contemporáneo colocaría gran atención en el papel que han jugado en dicho proceso instituciones como el matrimonio, la represión de la sexualidad, el amor romántico y los roles de género.

Finalmente, en la última etapa de su pensamiento en los estudios de género, la cual hemos denominado *propositiva*, Anthony Giddens trascendería la dimensión contemplativa y explicativa para enunciar propuestas orientadas hacia la transformación de la sociedad en pro de la igualdad personal y sexual; sobre la base de la lucha política, el cambio en la subjetividad, la transformación de la intimidad y las políticas públicas.

Ahora bien, en lo que refiere a la influencia del pensamiento de los filósofos de la sospecha en la obra de Giddens, la más de las veces se hizo manifiesta de manera explícita. Esta influencia se presentó como anexionista en relación a las concepciones de la mujer de carácter vindicativo, así como una marcada crítica, rechazo y oposición a las consideraciones de orden determinista y pasional sobre la mujer desarrolladas por los filósofos de la sospecha.

Consideraciones finales

Como bien sabemos, nuestras sociedades han sido organizadas en torno a la diferencia, la desigualdad, el antagonismo y la otredad. Esta diferencia institucionalizada a través de una multiplicidad de dispositivos y agentes socializadores a lo largo del proceso histórico social, como producto de las diferencias físicas y biológicas existentes entre los individuos, es decir, como medio y justificación para la desigualdad, posee en realidad un carácter artificial, creado, es decir, social.

En este hecho jugaría un rol fundamental el pensamiento científico el cual, como consecuencia de su institucionalización en el entramado social a través de su discurso ideológico e inteligible, ha contribuido significativamente a construir, consolidar, reproducir y propagar concepciones y prácticas sexuadas y sexistas. Ha dificultado su comprensión, así como, imposibilitado cualquier acción emancipadora capaz de socavar y desarticular su pretendida hegemonía.

No obstante, el pensamiento científico no sólo ha estado al servicio del orden dominante, los diferentes discursos, consideraciones y postulados de carácter científico también han contribuido a su cuestionamiento y deconstrucción; apostando por la transformación y modificación de dicho estado organizacional y relacional disímil entre hombres y mujeres. Es por ello que se nos hizo necesario interrogarnos sobre el papel que han jugado las ciencias sociales en este proceso, es decir, si han contribuido a la legitimación o desarticulación de una organización desigual, androcéntrica y patriarcal.

A razón de ello, nos propusimos aproximarnos analíticamente a la concepción de la mujer presente en las disertaciones teóricas de los filósofos de la sospecha: Karl Marx (1818-1883), Friedrich Nietzsche (1844-1900) y Sigmund Freud (1856-1939), y cómo estas han influido en los estudios de género de los sociólogos contemporáneos Erving Goffman (1922-1982), Pierre Bourdieu (1930-2002), y Anthony Giddens (1938).

Este proceso nos permitió, en primer término, visibilizar el tratamiento dado a la situación social de la mujer en las obras de los filósofos de la sospecha Karl Marx, Friedrich Nietzsche y Sigmund

Freud, en las cuales se hacen manifiestas significativas disimilitudes pero también puntos de encuentro y articulación.

El primer elemento que pudimos evidenciar fueron las diferencias en lo que refiere a la dedicación otorgada a la mujer en sus obras. En orden ascendente Karl Marx sería el primero de los filósofos de la sospecha en realizar consideraciones de carácter teórico, filosófico y político sobre la mujer, no obstante, estas fueron tímidamente expresadas en una extensa obra dedicada a la explotación obrera en la sociedad industrial emergente.

En este contexto, Marx plantearía sus reflexiones en torno a cuatro grandes temáticas que afectasen significativamente a la mujer y que condicionaron su situación social en las nuevas formas organizativas en gestación y desarrollo, entre ellas es posible considerar: trabajo, salud, sexualidad, prostitución y matrimonio. Serían estos los ámbitos que con más fuerza preocupasen a Karl Marx y sobre los cuales, pese a los condicionamientos y sanciones de carácter jurídico, moral y religiosos característicos de su época, se expresó desde una perspectiva abiertamente vindicativa; discurso consecuente a lo largo de su obra y su vida.

No obstante, también pudimos evidenciar que en este filósofo de la sospecha en estudio no aparece explicitada una concepción de la mujer. Para Marx la concepción de la mujer será una extrapolación de su concepción antropofilosófica en la cual el ser (hombre o mujer) se erige como ser genérico, cuya existencia es una existencia material, condicionada históricamente sin distingos sustantivos en su potencial humano como consecuencia de su constitución biológica. Es por esta razón que, tanto en su obra individual como aquella desarrollada en colaboración con Federico Engels, la naturaleza de la mujer de manera particular, separada del ser genérico, no habrá de constituirse como parte de sus preocupaciones teóricas, políticas, éticas y epistémicas.

En el caso de Friedrich Nietzsche, este dedicaría una mayor extensión a sus consideraciones sobre la mujer en sus obras en relación a Karl Marx, pero en menor proporción que Sigmund Freud. Pese a ello, es necesario visibilizar el hecho de que Nietzsche sería el autor que atendería una mayor diversidad de ámbitos referidos a la situación social de la mujer, entre ellos: diferencia sexual, razón, amor, belleza, educación, sexualidad y emancipación.

Ahora bien, en Friedrich Nietzsche, contrario a Marx, sí fue posible encontrar múltiples concepciones sobre la mujer; las cuales se presentan como antagónicas e irreconciliables pese a hacerse manifiestas en un orden cronológicamente lógico.

La primera de estas concepciones la denominamos la etapa determinista, título atribuido por la fuerte carga biologicista y patriarcal otorgada por el filósofo a sus consideraciones sobre la mujer, a la que caracterizó como un ser inferior, débil, incompleta, inacabada, primitiva, pasional, irracional y moral. Condición desde su perspectiva inmodificable al haber sido concedida por la naturaleza, manifiesta en la carencia de razón y la incapacidad de las mujeres para la construcción de cultura y civilización, a la cual además según este se opone por no ser partícipe de ella.

La segunda concepción sobre la mujer expuesta por Nietzsche es la que denominamos etapa vindicativa, en la que, pese a anteriormente destacar el carácter biológico y por tanto intrínseco de la inferioridad femenina, el autor haría ruptura con su concepción antecesora para manifestar de manera abierta una vehemente crítica al *status quo* al que se encuentran sujetas las mujeres en la sociedad. En esta etapa del pensamiento nietzscheano sobre la mujer, las diferencias entre los sexos no se encuentran condicionadas por la biología, por el contrario responden a una construcción social, moral y ética del ser humano.

Posterior a esta segunda etapa del pensamiento nietzscheano sobre la mujer se haría presente una de las más grandes contradicciones de la obra del autor, al orientarse hacia una perspectiva pasional y misógina que se constituiría como la concepción sobre la mujer del filósofo de la sospecha más extendida y referenciada en el pensamiento de la filosofía. En esta última etapa del pensamiento sobre la mujer y de su obra en general, el autor se caracterizaría por atacar de manera irracional, violenta y prejuiciada a la mujer, justificando y promoviendo su represión social; al mismo tiempo que criticando y descalificando los intentos de emancipación femenina manifiestos en el emergente movimiento feminista al cual consideró como una de las causas del debilitamiento de la sociedad de la la masculinización de la mujer.

Ahora bien, –desde nuestra perspectiva– puede inferirse de manera arbitraria –al no contar con un referente histórico y evidencia que legitime la reflexión en cuestión– que la segunda concepción o etapa vindicativa expresada en la obra de Nietzsche, podría estar influenciada por el pensamiento marxiano sobre la mujer. Así mismo, podríamos inferir que las consideraciones expuestas en la primera y última etapa del pensamiento nietzscheano sobre la mujer, –determinista y pasional respectivamente– pudieron haber influenciado la propuesta teórica sobre la mujer esgrimida por Sigmund Freud.

Pero es entonces Sigmund Freud quien demostró un mayor interés por la mujer en sus obras, siendo el único de los filósofos de la sospecha que le dedicase un ensayo en su totalidad; no obstante, reduciría la situación social de la mujer a cuatro temáticas: diferencia sexual, sexualidad, maternidad y emancipación. Este autor mantendría una única concepción sobre la mujer a lo largo de su obra y vida la cual, de manera consecuente, desarrollaría siempre dentro de los límites del determinismo biológico. Siendo desde esta perspectiva biologicista que el autor enfatizó la diferencia entre hombres y mujeres sobre la base de las diferencias de la genitalidad, cuyo volumen y proporción habrían de determinar sus capacidades físicas y psíquicas, así como su lugar y valor dentro de la sociedad.

Para Freud, la mujer a lo largo de su obra se concibe como un cuerpo vacío, carente de capacidad de acción y decisión, a disposición para la satisfacción de los impulsos sexuales del hombre con su consentimiento o sin él. Además habrá de ser un vientre, es decir, un medio para la realización del instinto de vida del hombre por medio de la prolongación de su existencia.

Con ello se pondría de manifiesto la influencia recibida de Charles Darwin, así como, –desde nuestra perspectiva– podría inferirse la influencia recibida del pensamiento de Arthur Schopenhauer, pero también de las consideraciones expuestas en la primera y última etapa del pensamiento nietzscheano sobre la mujer –determinista y pasional respectivamente–.

No obstante, pese a las disimilitudes existentes entre las múltiples concepciones sobre la mujer mantenidas y desarrolladas en las contribuciones de los filósofos de la sospecha, así como las articulaciones e influencias atribuidas de manera apriorística a los mismos, la aproximación a ellas nos permitió reconstruir, comprender, interpretar, cuestionar y deconstruir los presupuestos sobre la concepción particular de la mujer mantenida por Karl Marx, Friedrich Nietzsche y Sigmund Freud. Pero también nos permitió aproximarnos al pensamiento dominante sobre la mujer en Europa durante los dos últimos siglos de la civilización.

Además de ello, en este proceso cognoscente también nos propusimos aproximarnos a los estudios de género de los sociólogos contemporáneos, a fin de identificar influencias de las concepciones sobre la mujer desarrolladas por los filósofos de la sospecha Karl Marx, Friedrich Nietzsche y Sigmund Freud. Consideramos que quien recibe estas reflexiones y consideraciones ideologizadas sobre la feminidad y la masculinidad estará en posibilidad de identificarse, adhiriéndose sin restricciones al discurso que se le presenta como también rechazando, tergiversando, modificando o ampliando el mismo; consolidándose en este caso como ejecutores y promotores del sexismo, pero también como agentes de emancipación.

Empero, el análisis hermenéutico al cual sometimos los estudios de género de los sociólogos contemporáneos Erving Goffman (1922-1982), Pierre Bourdieu (1930-2002), y Anthony Giddens (1938) nos permitió reconstruir, pero también desmitificar, las consideraciones sobre los géneros por estos expuestos. Así mismo, nos permitió develar las influencias de las concepciones sobre la mujer de los filósofos de la sospecha presentes en sus obras.

En el caso de Erving Goffman, su obra puede caracterizarse por ser el aporte más breve a los estudios de género de los sociólogos contemporáneos, pese a ello, propone un amplio campo de estudio desatendido por el pensamiento sociológico al abordarlo desde el interaccionismo simbólico y el enfoque dramatúrgico. Su pensamiento se orientó a visibilizar el papel de los medios de comunicación y difusión masiva, específicamente la publicidad, en el proceso de representación de una feminidad y masculinidad ritualizada.

Pierre Bourdieu, por su parte, se destacó como el sociólogo contemporáneo que dedicase una mayor extensión a este ámbito de estudio, y cuya obra pudo categorizarse en tres etapas. Una etapa reflexiva en la cual cuestionaría los condicionamientos de género, explorando los elementos causales que intervienen en su definición. Una etapa crítica en la que cuestionaría el abordaje superficial y reductivo dado al tema de género por parte del feminismo. Finalmente una etapa propositiva en la cual recurriría a diversos actos resolutivos para la transformación de la situación de dominación masculina.

Así mismo, Anthony Giddens al igual que Bourdieu desarrollaría de manera extensa sus consideraciones sobre los géneros, las cuales fue posible categorizar en tres grandes etapas, entre ellas: una etapa conceptual en la cual reflexionaría someramente sobre los núcleos conceptuales sobre los que se constituyeron los estudios de género y que podrían de manifiesto su reciente incursión en dicho ámbito de estudio. La etapa develadora en la cual realizaría consideraciones de orden histórico y discursivo sobre los cuales se han fundamentado las desigualdades de género. Una última etapa de su pensamiento que hemos denominado propositiva, donde trascendería la dimensión contemplativa y explicativa para enunciar propuestas orientadas hacia la transformación de la sociedad en pro de la igualdad personal y sexual.

Ahora bien, pese a que parecería no haber influencias de los autores entre sí, aunado a las disimilitudes en cuanto a extensión, perspectiva y abordaje, cada uno de los autores: Erving Goffman (1922-1982), Pierre Bourdieu (1930-2002), y Anthony Giddens (1938) atendieron asuntos sobre los géneros que no fueron desarrollados por los otros; lo que permite la articulación de una gran propuesta teórica sobre los estudios de género desde la teoría sociológica moderna.

Otro elemento de significativa importancia que pudimos evidenciar durante nuestra escucha y sospecha de los estudios de género de los sociólogos contemporáneos fue el carácter propositivo y resolutivo de sus teorías; específicamente en el caso de Bourdieu y Giddens quienes apostaron por una revolución de lo simbólico y las políticas públicas respectivamente.

Al respecto, la propuesta teórica de Goffman sería la excepción al no proponer ningún acto resolutivo en lo que refiere a la situación social de los géneros, hecho que limitó nuestras posibilidades de visibilización de su adhesión o rechazo a la misma. Si bien quedándonos claro su rechazo a la atribución de las diferencias sociales existentes entre hombres y mujeres a lo biológico.

Estos hechos en su conjunto pueden considerarse como elementos, de encuentro en los estudios de género de los sociólogos contemporáneos, cuya teoría se presenta como una unidad al asumir las diferencias y desigualdades de género como un constructo social, legitimado, transmitido y reproducido a través de los diversos agentes de socialización.

En lo que refiere a la influencia de la concepción de la mujer de los filósofos de la sospecha en los estudios de género de los sociólogos contemporáneos, fue posible establecer una correlación influenciaría. Sin embargo, en el caso específico de Erving Goffman se dificultó la identificación de influencias de adhesión o rechazo con respecto a las concepciones sobre la mujer de los filósofos de la sospecha, como también respecto a las macro teorías y núcleos conceptuales propuestos por estos.

En Pierre Bourdieu y Anthony Giddens la más de las veces se hizo manifiesta de manera explícita la influencia del pensamiento del filósofo de la sospecha Sigmund Freud; no obstante, esta influencia se presentó como una marcada crítica, rechazo y oposición a las consideraciones de orden determinista y pasional sobre la mujer.

Así mismo, en lo que refiere a la influencia recibida del pensamiento sobre la mujer de los filósofos de la sospecha Karl Marx y Friedrich Nietzsche, en la propuesta teórica desde una perspectiva de género de Pierre Bourdieu y Anthony Giddens hizo manifiesta de manera no explícita o solapada; así como, desde una perspectiva anexionista en relación a las concepciones de la mujer de carácter vindicativo.

Además de ello, es posible afirmar que esta influencia recibida de la concepción de la mujer de los filósofos de la sospecha no contribuyó a la legitimación y reproducción del sexismo en los estudios de género desde la teoría sociológica moderna. Esta influencia se orientó al cuestionamiento, deconstrucción y reelaboración de las grandes teorías que han direccionado el pensamiento socio-filosófico sobre la mujer.

Expuesto esto no nos queda más que esperar que estas consideraciones aquí manifiestas hayan sido de interés para el lector; pero además que constituyan una contribución a la consolidación y posicionamiento dentro de las ciencias sociales de una teoría social de género desprejuiciada y desmitificada en cuanto a la discriminación por razones de género. Así mismo, esperamos contribuya a la articulación de la teoría social clásica, contemporánea y a los estudios de género en la comprensión de los fenómenos sociales históricamente concebidos como periféricos.

Referencias bibliográficas

Anzieu, Didier. (1978) *El autoanálisis de Freud. Tomo I.* Siglo XXI Editores, México.

Aristóteles. (2004) *La política.* Ediciones Universales, Bogotá.

Bourdieu, Pierre. (2000) *La dominación masculina.* Editorial Anagrama, Barcelona.

Bourdieu, Pierre. (2001) *Poder, derecho y clases sociales.* Editorial Desclêe de Brouwer, Bilbao.

Bourdieu, Pierre. & Wacquant, Loïc. (2005) "Lenguaje, género y violencia simbólica" en: *Una invitación a la sociología reflexiva.* Siglo XXI Editores, Buenos Aires.

Bourdieu, Pierre. (2007) *El sentido práctico.* Siglo XXI Editores, Buenos Aires.

Butler, Judith. (1997) *Mecanismos psíquicos del poder.* Ediciones Cátedra, Madrid.

Cazés, Daniel. (2007) *Obras feministas de Francois Poulaine de la Barre (1647-1723) Tomo I.* Universidad Nacional Autónoma de México, Coyoacán.

Cifre, Patricia & González, Manuel. (2014) *Culturas de seducción.* Ediciones Universidad de Salamanca, Salamanca.

Condorcet, Nicolas. (1804) *Euvres complètes, Tome X.* Brunswick, París.

Condorcet & otros. (1993) La ilustración olvidada. *La polémica de los sexos en el siglo XVIII.* Anthropos, Madrid.

Darwin, Charles. (1981) *The descent of man, and selection in relation to sex.* Princeton University Press, New Jersey.

Decker, Hannah. (1981) *Freud and Dora: Constraints on medical progress.* Journal of Social History, New York.

Delhomme, Jeanne. (1981) *Nietzsche o el viajero y su sombra.* EDAF Ediciones, Madrid.

De Rotterdam, Erasmo. (2005) *Elogio de la locura.* Disponible en: HYPER-LINK "http://www.uchile.cl"www.uchile.cl

Descartes, René. (1953) *Oeuvres et Lettres*. Gallimard, París.Durkheim, Emile. (1982) La división del trabajo social.Akal Editor, Madrid.

Eagleton, Terry. (1999) *Marx y la libertad*. Editorial Norma, Bogotá.

Engels, Friedrich. (1980) *La situación de la clase obrera en Inglaterra*. Editorial Progreso, Moscú.

Engels, Friedrich. (2000) *Origen de la familia, la propiedad privada y el Estado*. Editores Mexicanos Unidos, México.

Foucault, Michel. (2008) *Historia de la sexualidad I. La voluntad de saber*. Siglo XXI Editores, Buenos Aires.

Freud, Sigmund. (1993) "Tres ensayos para una teoría sexual" en: *Los textos fundamentales del psicoanálisis*. Ediciones Altaya, Barcelona.

Freud, Sigmund. (1993) "La organización genital infantil" en: *Los textos fundamentales del psicoanálisis*. Ediciones Altaya, Barcelona.

Freud, Sigmund. (1993) "El final del complejo de Edipo" en: *Los textos fundamentales del psicoanálisis*. Ediciones Altaya, Barcelona.

Freud, Sigmund. (1993) "Algunas consecuencias psíquicas de la diferencia sexual anatómica" en: *Los textos fundamentales del psicoanálisis*. Ediciones Altaya, Barcelona.

Freud, Sigmund. (1993) "La feminidad" en: *Los textos fundamentales del psicoanálisis*. Ediciones Altaya, Barcelona.

Freud, Sigmund. (2004) *El malestar en la cultura*. Alianza Editorial, Madrid.

Freud, Sigmund. (1960) *The letters of Sigmund Freud*. Basic Books, New York.

Gay, Peter. (1986) *La experiencia burguesa. De Victoria a Freud. La educación de los sentidos. De los nombres a las cosas*. Siglo XXI Editores, Madrid.

Gay, Peter. (1988) *Freud. Una vida de nuestro tiempo*. Paidós, Barcelona.

Gay, Peter. (1989) *The Freud reader*. Norton, New York.

Giddens, Anthony. (1991) *Género y sexualidad en Sociología*. Alianza Editorial, Madrid.

Giddens, Anthony. (1995) *La constitución de la sociedad. Bases para una teoría de la estructuración*. Amorrortu Editores, Buenos Aires.

Giddens, Anthony. (1998) *La transformación de la intimidad. Sexualidad, amor y erotismo en las sociedades modernas*. Ediciones Cátedra, Madrid.

Giddens, Anthony. (2000) *Un mundo desbocado. Los efectos de la globalización en nuestras vidas*. Taurus, Buenos Aires.

Goffman, Erving. (1991) "La ritualización de la feminidad" en: *Los momentos y los hombres*. 1991. Editorial Paidós, Barcelona.

Goffman, Erving. (1997) "El orden social y la interacción" en: *Los momentos y sus hombres*. Editorial Paidós, Barcelona.

Goffman, Erving. (1997) *La presentación de la persona en la vida cotidiana.* Amorrortu Editores, Buenos Aires.

Goffman, Erving. (2006) *Estigma. La identidad deteriorada.* Amorrortu Editores, Buenos Aires.

Gouldner, Alvin. (1973) *La crisis de la sociología occidental.* Amorrortu Editores, Buenos Aires.

Hesiodo. (1990) *Obras y fragmentos*. Editorial Gredos, Madrid.

Instituto patrístico agustiniano (1998) *Diccionario patrístico y de la antigüedad cristiana II.* Ediciones sígueme, Madrid.

Jiménez, Fernando. (2003) *Sigmund Freud: Biografía de un deseo*. Libros en Red, Buenos Aires.

Jolibert, Bernard. (1993) *Sigmund Freud.* Perspectivas: Revista trimestral de educación comparada. Unesco, Oficina Internacional de Educación. Volumen XXIII, Número 3-4.

Jones, Ernest. (1981) *Vida y obra de Sigmund Freud Tomo I.* Editorial Anagrama, Barcelona.

Kapp, Ivonne. (1976) *Eleanor Marx, The Crowded Years, 1884-98*. Lawrence & Wishart, London.

Klein, Viola. (1990) *El carácter femenino.* Editorial Paidós, Barcelona.

Lacarra, Eukene. (2003) *El otro lado de la virginidad conventual.* Criticón, Número 87-89, Toulouse.

Leahey, Thomas. (2005) *Historia de la psicología*. Pearson Educación, Madrid.

López, Enrique en: Nietzsche, Friedrich. (2010) *El ocaso de los ídolos.* Edimat Libros, Madrid.

Macionis, John & Plummer, Ken. (2007) *Sociología*. Pearson Education, Madrid.

Marx, Karl. (1964) *Pre-capitalist economic foundations.* International Publishers, New York.

Marx, Karl. (1969) *Cartas a Kugelmann. Editorial Avanzar, Buenos Aires.*

Marx, Karl & Engels, Friedrich. (1971) *La sagrada familia.* Editorial Claridad, Buenos Aires.

Marx, Karl. (1974) *The Grundisse: Foundations of the critique of political economy.* Random House, New York.

Marx, Karl & Engels, Friedrich. (1879) *El manifiesto comunista.* Editorial Andreus, Bogotá.

Marx, Karl. (1980) *Programa de Gotha en Obras Escogidas*. Editorial Progreso, Moscú.

Marx, Karl & Engels, Friedrich. (1988) *La ideología alemana*. Leina Editorial, Barcelona.

Marx, Karl. (2003) *Manuscritos de economía y filosofía*. Alianza Editorial, Madrid.

Marx, Karl. (2007) *18 Brumario de Luis Bonaparte*. Fundación Federico Engels, Madrid.

Marx, Karl. (2008) "Glosas marginales al programa del partido obrero alemán" en: *El programa de gotha*. Fundación Federico Engels, Madrid.

Marx, Karl. (2010) *El capital*. Ediciones el trébol siglo 21, Caracas.

Mill, John Stuart. (2010) *El sometimiento de la mujer*. Alianza Editorial, Madrid.

Mill, Stuart. (1965) *Esclavitud femenina*. Editorial Tecnos, Madrid.

Montesquieu (1978) *El espíritu de las leyes*. Ediciones Universales, Bogotá.

Morrison, Ken. (2000) *Marx, Durkheim, Weber. Las bases del pensamiento social moderno*. Editorial Popular, Madrid.

Nietzsche, Friedrich. (1997) *La genealogía de la moral*. Alianza editorial, Madrid.

Nietzsche, Friedrich. (1996) *Sobre verdad y mentira en sentido extramoral*. Editorial Tecnos, Madrid.

Nietzsche, Friedrich. (1999) *El crepúsculo de los ídolos*. Edicomunicación, Barcelona.

Nietzsche, Friedrich. (1999) *El viajero y su sombra*. Edaf, Buenos Aires.

Nietzsche, Friedrich. (1999) *La gaya scienza*. Monte Ávila Editores, Caracas.

Nietzsche, Friedrich. (1999) *Más allá del bien y el mal*. Edicomunicación, Barcelona.

Nietzsche, Friedrich. (2009) *Aurora*. Random house mondadori, Barcelona.

Nietzsche, Friedrich. (2011) *Ecce homo*. Alianza editorial, Madrid.

Nietzsche, Friedrich. (2005) *El ocaso de los ídolos*. Edimat libros, España.

Ortega y Gasset, José. (1966) *Obras completas*. Tomo III (1917-1928). Revista de Occidente, Madrid.

Perkins, Charlotte. (2008) *Mujer y economía*. Servei de publicaciones, Valencia.

Pineda, Esther. (2011) *Roles de género y sexismo en seis discursos sobre la familia nuclear*. Acercándonos Ediciones, Buenos Aires.

Pineda, Esther. (2011) *Reflexiones sobre teoría sociológica clásica: Un acercamiento al pensamiento de Karl Marx, Max Weber y Emile Durkheim*. Editorial Académica Española, Saarbrücken.

Ricoeur, Paúl. (1990) *Freud: Una interpretación de la cultura*. Siglo XXI Editores, México.

Ritzer, George. (2002) *Teoría sociológica moderna*. Mc Graw Hill, Madrid.

Rousseau, Jean Jacques. (1990) *Emilio, o de la educación*. Alianza Editorial, Madrid.

Sabine, George. (2006) *Historia de la teoría política*. Fondo de Cultura Económica, México.

Santa Biblia. (2009) *Antiguo y nuevo testamento*. La Iglesia de Jesucristo de los Santos de los Últimos Días, Salt Lake City.

Sau, Victoria. (2000) *Un diccionario ideológico feminista*. Icaria, Barcelona.

Schopenhauer, Arthur. (2011) *El arte de insultar*. Alianza Editorial, Madrid.

Schopenhauer, Arthur. (2011) *El arte de tratar con las mujeres*. Alianza Editorial, Madrid.

Simmel, George. (1999) *Cultura femenina y otros ensayos*. Alba Editorial, Barcelona.

Solares, Ignacio. (2015) *Modos de ser Santo Tomás de Aquino: la Iglesia y el amor*. Revista de la Universidad de México, Número 139, México D.F.

Tubert, Silvia. (2000) *Sigmund Freud*. Editorial Edaf, Madrid.

Urteaga, Eguzki. (2010) *Erving Goffman: Vida y genealogía intelectual*. Isegoría, revista de filosofía moral y política, N° 42, Madrid.

Van Dijk, Teun. (2004) *Discurso y dominación*. Grandes conferencias en la Facultad de Ciencias Humanas, N° 4. Universidad Nacional de Colombia, Bogotá.

Walz, Georges. (1932) *La vida de Friedrich Nietzsche según su correspondencia*. Editorial Rieder, París.

Winks, Robin. (2000) *Historia de la civilización*. Volumen 1. Pearson Educación, Naucalpan de Juárez.

Winkin, Yves. (1991) "Erving Goffman: Retrato del sociólogo joven" en: *Los momentos y sus hombres*. Paidós Ediciones, Barcelona.

Young-Bruehl, Elisabeth. (1988) *Anna Freud*. Summit Books, Nueva York.

Impreso por TREINTADIEZ S. A. en 2017
Pringles 521 (C1183AEI)
Ciudad Autónoma de Buenos Aires
Teléfonos: 4864-3297 / 4862-6794
editorial@treintadiez.com